Kuchyně čínských mistrů

Průvodce neodolatelnými recepty na tradiční jídla

Li Hong

Obsah

Sladkokyselý kapr 10
Kapr s tofu 12
Mandlová rybí buchta 14
Treska s bambusovými výhonky 16
Ryba s fazolovými klíčky 18
Rybí filé v hnědé omáčce 20
Čínské rybí koláče 21
Křupavé smažené ryby 22
Smažená treska 23
Pět kořeněných ryb 24
Voňavé rybí tyčinky 25
Ryby s okurkami 26
Zázvorově kořeněná treska 27
Treska s mandarinkovou omáčkou 29
Ryba s ananasem 31
Rybí rolky s vepřovým masem 33
Ryba v rýžovém víně 35
Rychlá smažená ryba 36
Ryby ze sezamových semínek 37
Dušená rybí koule 38
Marinované sladkokyselé ryby 39
Ryba s octovou omáčkou 40
Smažený úhoř 42
Nasucho vařený úhoř 43
Úhoř s celerem 45
Papriky plněné treskou jednoskvrnnou 46
Treska jednoskvrnná v omáčce z černých fazolí 47
Ryba v hnědé omáčce 48
Pět kořeněných ryb 49
Treska jednoskvrnná s česnekem 50
Pikantní ryba 51
Treska zázvorová s Pak Soi 53

Copánky z tresky jednoskvrnné 55
Dušená rybí rolka 56
Halibut s rajčatovou omáčkou 58
Mořský ďas s brokolicí 59
Parmice s hustou sójovou omáčkou 61
západní mořské ryby 62
Smažený platýs 63
Dušená platýs s čínskými houbami 64
Platýs s česnekem 65
Platýs s ananasovou omáčkou 66
Losos s tofu 68
Smažené marinované ryby 69
Pstruh s mrkví 70
Smažený pstruh 71
Pstruh s citronovou omáčkou 72
Čínský tuňák 74
Marinované rybí steaky 76
Krevety s mandlemi 77
anýzové krevety 78
Krevety s chřestem 79
Krevety se slaninou 80
krevetové kuličky 81
Grilované krevety 83
Krevety s bambusovými výhonky 84
Krevety s fazolovými klíčky 85
Krevety s omáčkou z černých fazolí 86
Krevety s celerem 87
Smažené krevety s kuřecím masem 88
Chilli krevety 89
Krevety Chop Suey 90
Krevety Chow Mein 91
Krevety s cuketou a liči 92
Krevety s kraby 94
Krevety s okurkou 96
Krevetové kari 97
Krevety houbové kari 98

Smažená kreveta 99
Smažené krevety v těstíčku 100
Krevetové knedlíky s rajčatovou omáčkou 101
Krevety a vejce pohár 103
Rolky z krevetových vajec 104
Krevety na způsob Dálného východu 106
Krevety Foo Yung 108
Krevetové hranolky 109
Smažené krevety v omáčce 111
Pošírované krevety se šunkou a tofu 113
Pikantní dušené vepřové maso 114
Dušené vepřové buchty 115
Vepřové maso se zelím 116
Vepřové maso se zelím a rajčaty 119
Marinované vepřové maso se zelím 120
Vepřové maso s celerem 122
Vepřové maso s kaštany a houbami 123
Vepřová kotleta suey 124
Vepřové maso Mein 126
Pečené vepřové maso Mein 127
Vepřové maso s chutney 128
Vepřové maso s okurkou 130
Křupavé vepřové balíčky 131
Rohlíky z vepřových vajec 133
Vaječné závitky s vepřovým masem a krevetami 134
Dušené vepřové maso s vejci 135
Ohnivý vepřový 136
Smažená vepřová panenka 137
Pět koření vepřové 137
Dušené voňavé vepřové maso 138
Vepřové maso s nasekaným česnekem 140
Smažené vepřové se zázvorem 140
Vepřové maso se zelenými fazolkami 141
Vepřové maso se šunkou a tofu 142
Smažené vepřové kebaby 144
Dušené vepřové koleno v červené omáčce 145

Marinované vepřové maso ... 147
Marinované vepřové kotlety ... 148
Vepřové maso s houbami ... 149
Dušený masový koláč ... 150
Červené vařené vepřové maso s houbami ... 151
Vepřové maso s nudlovými palačinkami ... 152
Vepřové maso a krevety s nudlovými palačinkami ... 153
Vepřové maso s ústřicovou omáčkou ... 155
Vepřové maso s arašídy ... 156
Vepřové maso s paprikou ... 158
Pikantní vepřové maso s okurkou ... 159
Vepřové maso se švestkovou omáčkou ... 161
Vepřové maso s krevetami ... 162
Červené vařené vepřové maso ... 163
Vepřové maso v červené omáčce ... 164
Vepřové maso s rýžovými nudlemi ... 166
Bohaté vepřové kuličky ... 167
Smažené vepřové kotlety ... 168
Kořeněné vepřové maso ... 169
Hladké vepřové plátky ... 171
Vepřové maso se špenátem a mrkví ... 172
Dušené vepřové maso ... 173
Pečené vepřové ... 174
Vepřové maso s batáty ... 175
Vepřové sladkokyselé ... 176
Vydatné vepřové maso ... 178
Vepřové maso s tofu ... 179
Měkké smažené vepřové maso ... 180
Dvakrát vařené vepřové maso ... 181
vepřové maso se zeleninou ... 181
Vepřové maso s vlašskými ořechy ... 184
Vepřové wontony ... 185
Vepřové maso s vodními kaštany ... 186
Vepřové maso a krevety wontony ... 187
Masové kuličky v páře ... 188
Náhradní žebra s omáčkou z černých fazolí ... 190

Grilovaná náhradní žebra 192
Grilovaná javorová náhradní žebra 192
Smažená náhradní žebra.. 194
Náhradní žebra s pórkem... 195
Náhradní žebra s houbami... 197
Náhradní žebra s pomerančem 198
Ananasová náhradní žebra 200
Křupavé krevety náhradní žebra... 202
Náhradní žebra s rýžovým vínem... 203
Náhradní žebra se sezamovými semínky................................... 204
Sladkokyselá žebírka... 206
Smažená náhradní žebra... 208
Náhradní žebra s rajčaty 209
Grilovaná vepřová pečeně 210
Studené vepřové maso s hořčicí... 211
Čínská vepřová pečeně 213
Vepřové maso se špenátem 214

Sladkokyselý kapr

za 4

1 velký kapr nebo podobná ryba
300 g/11 oz/¬œ šálek kukuřičného škrobu (kukuřičný škrob)
250 ml/8 fl oz/1 šálek rostlinného oleje
30 ml/2 lžíce sójové omáčky
5 ml/1 lžička soli
150 g/5 oz/vrcholový ¬Ω šálek cukru
75 ml/5 lžic vinného octa
15 ml/1 polévková lžíce rýžového vína nebo suchého sherry
3 jarní cibulky (cibulky), nakrájené nadrobno
1 plátek kořene zázvoru, jemně nasekaný
250 ml vroucí vody

Rybu očistíme, oloupeme a namočíme na několik hodin do studené vody. Sceďte a osušte, poté každou stranu několikrát nařízněte. Odložte si 30 ml/2 polévkové lžíce kukuřičného škrobu a do zbylého kukuřičného škrobu postupně vmíchejte tolik vody, aby vzniklo tuhé těsto. Rybu potřete těstem. Rozpalte velmi horký olej a opečte rybu zvenku do křupava, poté snižte teplotu a pokračujte v opékání, dokud ryba nezměkne. Mezitím zbývající kukuřičný škrob, sójová omáčka, sůl, cukr, vinný ocet,

Víno nebo sherry, jarní cibulka a zázvor. Když je ryba uvařená, přendejte ji na teplý servírovací talíř. Omáčkovou směs a vodu přidejte do oleje a za dobrého míchání přiveďte k varu, dokud omáčka nezhoustne. Nalijte na rybu a ihned podávejte.

Kapr s tofu

za 4

1 kapr

60 ml/4 lžíce arašídového oleje (arašídový olej)

225 g tofu, nakrájeného na kostičky

2 jarní cibulky (cibulky), nakrájené nadrobno

1 stroužek česneku, jemně nasekaný

2 plátky kořene zázvoru, jemně nasekané

15 ml/1 polévková lžíce chilli omáčky

30 ml/2 lžíce sójové omáčky

500 ml / 16 fl oz / 2 šálky vývaru

30 ml/2 lžíce rýžového vína nebo suchého sherry

15 ml/1 polévková lžíce kukuřičného škrobu (kukuřičný škrob)

30 ml/2 lžíce vody

Rybu ořízněte, vyvažte a očistěte a na každé straně narýhujte 3 diagonální čáry. Rozehřejte olej a tofu opečte do světle zlatohnědé barvy. Vyjměte z pánve a dobře sceďte. Přidejte rybu do pánve a smažte do zlatova, poté vyjměte z pánve. Vše slijte kromě 15 ml/1 polévkovou lžíci oleje a poté 30 sekund restujte jarní cibulku, česnek a zázvor. Přidejte chilli omáčku, sójovou omáčku, vývar a víno a přiveďte k varu. Opatrně vložte rybu do pánve

tofu necháme dusit a odkryté dusíme asi 10 minut, dokud se ryba nepropeče a omáčka zredukuje. Rybu přendejte do předehřáté servírovací mísy a lžící na ni nalijte tofu. Z kukuřičné mouky a vody vytvořte kaši, vmíchejte do omáčky a za stálého míchání vařte, dokud omáčka mírně nezhoustne. Nalijte na ryby a ihned podávejte.

Mandlová rybí buchta

za 4

100 gramů mandlí
450 g filet z tresky
4 plátky uzené šunky
1 jarní cibulka (cibulka), nakrájená
1 plátek kořene zázvoru, nasekaný
5 ml/1 lžička kukuřičného škrobu (kukuřičný škrob)
5 ml/1 lžička cukru
2,5 ml/¬Ω lžičky soli
15 ml/1 polévková lžíce sójové omáčky
15 ml/1 polévková lžíce rýžového vína nebo suchého sherry
1 vejce, lehce rozšlehané
olej na smažení
1 citron, nakrájený na měsíčky

Mandle spaříme 5 minut ve vroucí vodě, poté scedíme a nasekáme. Rybu nakrájíme na 9 cm čtverce a šunku na 5 cm čtverce. Smíchejte jarní cibulku, zázvor, kukuřičný škrob, cukr, sůl, sójovou omáčku, víno nebo sherry a vejce. Rybu ponořte do směsi a položte na pracovní plochu. Vršek potřeme mandlemi a navrch položíme plátek šunky. Rybu srolujte a svažte

svařte, rozehřejte olej a rybí závitky pár minut opékejte dozlatova. Necháme okapat na kuchyňském papíře a podáváme s citronem.

Treska s bambusovými výhonky

za 4

4 sušené čínské houby
900 g filé z tresky, nakrájené na kostičky
30 ml/2 lžíce kukuřičného škrobu (kukuřičný škrob)
olej na smažení
30 ml/2 lžíce arašídového oleje (arašídový olej)
1 jarní cibulka (cibulka ve slupce), nakrájená na plátky
1 plátek kořene zázvoru, nasekaný
Sůl-
100 g bambusových výhonků, nakrájených na plátky
120 ml/4 fl oz/¬Ω šálek rybího vývaru
15 ml/1 polévková lžíce sójové omáčky
45 ml/3 polévkové lžíce vody

Houby namočte na 30 minut do teplé vody a poté slijte. Vyhoďte stonky a nakrájejte klobouky. Rybu poprášíme polovinou kukuřičná mouka. Rozpálíme olej a rybu opečeme do zlatova. Necháme okapat na kuchyňském papíru a uchováme v teple.

Mezitím rozehřejte olej a zlehka osmahněte jarní cibulku, zázvor a sůl. Přidejte bambusové výhonky a restujte 3 minuty. Přidejte vývar a sójovou omáčku, přiveďte k varu a 3 minuty vařte. Zbylý kukuřičný škrob smíchejte s vodou, abyste vytvořili pastu, vmíchejte do pánve a za stálého míchání vařte, dokud omáčka nezhoustne. Nalijte na rybu a ihned podávejte.

Ryba s fazolovými klíčky

za 4

450 g fazolových klíčků
45 ml/3 lžíce arašídového oleje (arašídový olej)
5 ml/1 lžička soli
3 plátky kořene zázvoru, nakrájené
450 g rybích filé, nakrájených na plátky
4 jarní cibulky (jarní cibulky), nakrájené na plátky
15 ml/1 polévková lžíce sójové omáčky
60 ml/4 polévkové lžíce rybího vývaru
10 ml/2 lžičky kukuřičného škrobu (kukuřičný škrob)
15 ml/1 polévková lžíce vody

Fazolové klíčky spařte 4 minuty ve vroucí vodě a poté dobře sceďte. Rozehřejte polovinu oleje a 1 minutu smažte sůl a zázvor. Přidejte rybu a smažte, dokud lehce nezhnědne, poté vyjměte z pánve. Rozehřejte zbylý olej a 1 minutu na něm orestujte jarní cibulku. Přidejte sójovou omáčku a vývar a přiveďte k varu. Vraťte rybu do pánve, přikryjte a vařte 2 minuty, dokud ryba nezměkne. Smíchejte kukuřičný škrob a vodu na pastu, vmíchejte do pánve a za stálého míchání vařte, dokud omáčka nezbyde čirá a nezhoustne.

Rybí filé v hnědé omáčce

za 4

450 g filé z tresky, nakrájené na silné plátky
30 ml/2 lžíce rýžového vína nebo suchého sherry
30 ml/2 lžíce sójové omáčky
3 jarní cibulky (cibulky), nakrájené nadrobno
1 plátek kořene zázvoru, jemně nasekaný
5 ml/1 lžička soli
5 ml/1 lžička sezamového oleje
30 ml/2 lžíce kukuřičného škrobu (kukuřičný škrob)
3 vejce, rozšlehaná
90 ml/6 lžic arašídového oleje (arašídový olej)
90 ml/6 lžic rybího vývaru

Vložte rybí filé do misky. Smíchejte víno nebo sherry, sójovou omáčku, jarní cibulku, zázvor, sůl a sezamový olej, nalijte na rybu, přikryjte a nechte 30 minut marinovat. Rybu vyjmeme z marinády a přidáme kukuřičný škrob, poté ponoříme do rozšlehaného vejce. Rozehřejte olej a rybu zvenku opečte do zlatova. Slijte olej a vmíchejte vývar a zbývající marinádu. Přiveďte k varu a zvolna vařte asi 5 minut, dokud nebude ryba hotová.

Čínské rybí koláče

za 4

450 g nasekané (mleté) tresky
2 jarní cibulky (cibulky), nakrájené nadrobno
1 stroužek česneku, rozdrcený
5 ml/1 lžička soli
5 ml/1 lžička cukru
5 ml/1 lžička sójové omáčky
45 ml/3 lžíce rostlinného oleje
15 ml/1 polévková lžíce kukuřičného škrobu (kukuřičný škrob)

Smíchejte tresku, jarní cibulku, česnek, sůl, cukr, sójovou omáčku a 10 ml/2 lžičky oleje. Dobře prohněteme, občas posypeme trochou kukuřičného škrobu, dokud není hmota měkká a pružná. Vytvořte 4 rybí koláče. Rozehřejte olej a opékejte rybí koláče do zlatova, zploštění, asi 10 minut. Podávejte teplé nebo studené.

Křupavé smažené ryby

za 4

450 g rybího filé nakrájeného na proužky
30 ml/2 lžíce rýžového vína nebo suchého sherry
Sůl a čerstvě mletý pepř
45 ml/3 lžíce kukuřičného škrobu (kukuřičný škrob)
1 bílek, lehce našlehaný
olej na smažení

Rybu nalijte do vína nebo sherry a dochuťte solí a pepřem. Lehce poprášíme kukuřičným škrobem. Zbylý kukuřičný škrob vyšleháme do bílků do tuha a poté rybu namáčíme v těstíčku. Rozehřejte olej a rybí nudličky na něm pár minut opékejte dozlatova.

Smažená treska

za 4

900 g filé z tresky, nakrájené na kostičky
Sůl a čerstvě mletý pepř
2 vejce, rozšlehaná
100 g/4 oz/1 šálek čisté (univerzální) mouky
olej na smažení
1 citron, nakrájený na měsíčky

Tresku dochutíme solí a pepřem. Vejce a mouku vyšleháme do těsta a dochutíme solí. Rybu namáčejte v těstíčku. Rozehřejte olej a ryby na něm několik minut opékejte, dokud nezezlátnou a nejsou propečené. Necháme okapat na kuchyňském papíře a podáváme s měsíčky citronu.

Pět kořeněných ryb

za 4

4 filety z tresky
5 ml/1 lžička prášku z pěti koření
5 ml/1 lžička soli
30 ml/2 lžíce arašídového oleje (arašídový olej)
2 stroužky česneku, rozdrcené
2,5 ml/1 kořene zázvoru, nakrájeného
30 ml/2 lžíce rýžového vína nebo suchého sherry
15 ml/1 polévková lžíce sójové omáčky
pár kapek sezamového oleje

Rybu potřete práškem z pěti koření a solí. Rozpálíme olej a rybu opečeme z obou stran dozlatova. Vyjměte z pánve a přidejte zbývající ingredience. Za stálého míchání zahřejte, poté rybu vraťte do pánve a před podáváním ji mírně prohřejte.

Voňavé rybí tyčinky

za 4

30 ml/2 lžíce rýžového vína nebo suchého sherry
1 jarní cibulka (nakrájená najemno).
2 vejce, rozšlehaná
10 ml/2 lžičky kari
5 ml/1 lžička soli
450 g filé z bílé ryby, nakrájené na proužky
100 gramů strouhanky
olej na smažení

Smíchejte víno nebo sherry, jarní cibulku, vejce, kari a sůl. Rybu ponořte do směsi, aby se kousky rovnoměrně obalily, poté vtlačte do strouhanky. Rozehřejte olej a rybu pár minut opékejte do křupava a do zlatova. Dobře sceďte a ihned podávejte.

Ryby s okurkami

za 4

4 filety z bílé ryby
75 g malých okurek
2 jarní cibulky (cibulky)
2 plátky kořene zázvoru
30 ml/2 lžíce vody
5 ml/1 lžička arašídového oleje (arašídový olej)
2,5 ml/¬Ω lžičky soli
2,5 ml/¬Ω lžičky rýžového vína nebo suchého sherry

Rybu položte na žáruvzdorný talíř a posypte zbylými přísadami. Umístěte na mřížku do paráku, přikryjte a vařte v páře nad vroucí vodou, dokud ryba nezměkne, asi 15 minut. Přendejte na předehřátý servírovací talíř, vyhoďte zázvor a jarní cibulku a podávejte.

Zázvorově kořeněná treska

za 4

225 g rajčatového protlaku (protlaku)
30 ml/2 lžíce rýžového vína nebo suchého sherry
15 ml/1 polévková lžíce strouhaného kořene zázvoru
15 ml/1 polévková lžíce chilli omáčky
15 ml/1 polévková lžíce vody
15 ml/1 polévková lžíce sójové omáčky
10 ml/2 lžičky cukru
3 stroužky česneku, rozdrcené
100 g/4 oz/1 šálek čisté (univerzální) mouky
75 ml/5 lžic kukuřičného škrobu (kukuřičný škrob)
175 ml/6 fl oz/¬œ šálek vody
1 vaječný bílek
2,5 ml/¬Ω lžičky soli
olej na smažení
450 g filé z tresky, zbavené kůže a nakrájené na kostičky

Na omáčku smíchejte rajčatový protlak, víno nebo sherry, zázvor, chilli omáčku, vodu, sójovou omáčku, cukr a česnek. Přiveďte k varu a poté vařte za stálého míchání 4 minuty.

Mouku, kukuřičný škrob, vodu, bílek a sůl ušlehejte do hladka. Zahřejte olej. Kousky ryby namáčejte v těstíčku a smažte do měkka a dozlatova, asi 5 minut. Nechte okapat na kuchyňském papíru. Slijte všechen olej a vraťte rybu s omáčkou do pánve. Jemně zahřívejte 3 minuty, dokud nebude ryba zcela obalená v omáčce.

Treska s mandarinkovou omáčkou

za 4

675 g filet z tresky nakrájený na proužky
30 ml/2 lžíce kukuřičného škrobu (kukuřičný škrob)
60 ml/4 lžíce arašídového oleje (arašídový olej)
1 jarní cibulka (cibulka), nakrájená
2 stroužky česneku, rozdrcené
1 plátek kořene zázvoru, nasekaný
100 g žampionů, nakrájených na plátky
50 g bambusových výhonků nakrájených na proužky
120 ml/4 fl oz/¬Ω šálek sójové omáčky
30 ml/2 lžíce rýžového vína nebo suchého sherry
15 ml/1 polévková lžíce hnědého cukru
5 ml/1 lžička soli
250 ml / 1 šálek kuřecího vývaru

Rybu ponořtc do kukuřičného škrobu, dokud nebude lehce obalená. Rozpálíme olej a rybu opečeme z obou stran do zlatova. Vyjměte z pánve. Přidejte jarní cibulku, česnek a zázvor a za stálého míchání lehce osmahněte. Přidejte houby a bambusové výhonky a restujte 2 minuty. Přidejte zbývající ingredience a pokračujte vaření, míchání. Rybu vrátíme do pánve, přikryjeme a dusíme 20 minut.

Ryba s ananasem

za 4

450 g rybího filé
2 jarní cibulky (cibulky), nakrájené
30 ml/2 lžíce sójové omáčky
15 ml/1 polévková lžíce rýžového vína nebo suchého sherry
2,5 ml/¬Ω lžičky soli
2 vejce, lehce rozšlehaná
15 ml/1 polévková lžíce kukuřičného škrobu (kukuřičný škrob)
45 ml/3 lžíce arašídového oleje (arašídový olej)
225 g konzervovaného ananasu ve šťávě

Rybu nakrájíme proti srsti na 2,5 cm proužky a dáme do misky. Přidejte jarní cibulku, sójovou omáčku, víno nebo sherry a sůl, dobře promíchejte a nechte 30 minut odležet. Rybu sceďte, marinádu vylijte. Vejce a kukuřičný škrob rozšlehejte do těstíčka a ryby v těstíčku namáčejte, aby se potřely, slijte přebytečnou vodu. Rozpálíme olej a rybu opečeme z obou stran dozlatova. Snižte teplotu a pokračujte ve vaření do měkka. Mezitím smíchejte 60 ml/4 polévkové lžíce ananasové šťávy se zbylým těstem a kousky ananasu. Dejte na pánev na mírný oheň a za stálého míchání vařte, dokud nebude horký. Uspořádat

Uvařenou rybu položte na předehřátý servírovací talíř a potřete omáčkou.

Rybí rolky s vepřovým masem

za 4

450 g rybího filé
100 g vařeného vepřového masa, nakrájeného (mletého)
30 ml/2 lžíce rýžového vína nebo suchého sherry
15 ml/1 lžička cukru
olej na smažení
120 ml/4 fl oz/¬Ω šálek rybího vývaru
3 jarní cibulky (cibulky), nakrájené
1 plátek kořene zázvoru, nasekaný
15 ml/1 polévková lžíce sójové omáčky
15 ml/1 polévková lžíce kukuřičného škrobu (kukuřičný škrob)
45 ml/3 polévkové lžíce vody

Rybu nakrájejte na 9 cm čtverce. Smíchejte vepřové maso s vínem nebo sherry a polovinou cukru, rozetřete na čtverečky ryby, srolujte a zajistěte provázkem. Rozpálíme olej a rybu opečeme do zlatova. Nechte okapat na kuchyňském papíru. Mezitím zahřejte vývar a přidejte jarní cibulku, zázvor, sójovou omáčku a zbývající cukr. Přiveďte k varu a vařte 4 minuty. Smíchejte kukuřičný škrob a vodu na pastu, vmíchejte do pánve a nechte provařit, mícháme, dokud omáčka nevyteče a nezhoustne. Nalijte na rybu a ihned podávejte.

Ryba v rýžovém víně

za 4

400 ml / 14 fl oz / 1 œ šálek rýžového vína nebo suchého sherry
120 ml/4 fl oz/¬Ω šálek vody
30 ml/2 lžíce sójové omáčky
5 ml/1 lžička cukru
Sůl a čerstvě mletý pepř
10 ml/2 lžičky kukuřičného škrobu (kukuřičný škrob)
15 ml/1 polévková lžíce vody
450 g filet z tresky
5 ml/1 lžička sezamového oleje
2 jarní cibulky (cibulky), nakrájené

Víno, vodu, sójovou omáčku, cukr, sůl a pepř přiveďte k varu a snižte na polovinu. Smíchejte kukuřičný škrob s vodou, abyste vytvořili pastu, vmíchejte do pánve a za stálého míchání vařte 2 minuty. Rybu osolíme a pokapeme sezamovým olejem. Přidejte do pánve a vařte doměkka, asi 8 minut. Podáváme posypané jarní cibulkou.

Rychlá smažená ryba

za 4

450 g filé z tresky nakrájené na proužky

Sůl-

sójová omáčka

olej na smažení

Rybu potřeme solí a sójovou omáčkou a necháme 10 minut odpočinout. Rozehřejte olej a rybu pár minut opékejte dozlatova. Nechte okapat na kuchyňském papíře a před podáváním bohatě pokapejte sójovou omáčkou.

Ryby ze sezamových semínek

za 4

450 g rybího filé nakrájeného na proužky
1 cibule, nakrájená
2 plátky kořene zázvoru, nakrájené
120 ml/4 fl oz/¬Ω šálek rýžového vína nebo suchého sherry
10 ml/2 lžičky hnědého cukru
2,5 ml/¬Ω lžičky soli
1 vejce, lehce rozšlehané
15 ml/1 polévková lžíce kukuřičného škrobu (kukuřičný škrob)
45 ml/3 polévkové lžíce čisté (univerzální) mouky
60 ml/6 lžic sezamových semínek
olej na smažení

Vložte rybu do misky. Smíchejte cibuli, zázvor, víno nebo sherry, cukr a sůl, přidejte k rybě a za občasného obracení nechte 30 minut marinovat. Vejce, kukuřičný škrob a mouku vyšleháme do těsta. Rybu namáčejte v těstíčku a poté ji vtlačte do sezamových semínek. Rozehřejte olej a rybí nudličky na něm opékejte asi 1 minutu dozlatova a křupava.

Dušená rybí koule

za 4

450 g nasekané (mleté) tresky
1 vejce, lehce rozšlehané
1 plátek kořene zázvoru, nasekaný
2,5 ml/¬Ω lžičky soli
Špetka čerstvě mletého pepře
15 ml/1 polévková lžíce kukuřičného škrobu (kukuřičný škrob) 15 ml/1 polévková lžíce rýžového vína nebo suchého sherry

Všechny ingredience spolu dobře promícháme a tvarujeme kuličky o velikosti vlašského ořechu. V případě potřeby zaprášíme trochou mouky. Uspořádejte do ploché nádoby vhodné do trouby.

Umístěte misku na mřížku do paráku, přikryjte a vařte v páře nad mírně vroucí vodou, dokud se neuvaří, asi 10 minut.

Marinované sladkokyselé ryby

za 4

450 g rybího filé, nakrájeného na kousky
1 cibule, nakrájená
3 plátky kořene zázvoru, nakrájené
5 ml/1 lžička sójové omáčky
Sůl a čerstvě mletý pepř
30 ml/2 lžíce kukuřičného škrobu (kukuřičný škrob)
olej na smažení
Sladkokyselá omáčka

Vložte rybu do misky. Smíchejte cibuli, zázvor, sójovou omáčku, sůl a pepř, přidejte k rybě, přikryjte a nechte 1 hodinu odpočívat za občasného obracení. Rybu vyjmeme z marinády a poprášíme kukuřičným škrobem. Rozpálíme olej a rybu opečeme dokřupava a do zlatova. Nechte okapat na kuchyňském papíru a položte na předehřátý servírovací talíř. Mezitím si připravte omáčku a nalijte na rybu k podávání.

Ryba s octovou omáčkou

za 4

450 g rybího filé nakrájeného na proužky
Sůl a čerstvě mletý pepř
1 bílek, lehce našlehaný
45 ml/3 lžíce kukuřičného škrobu (kukuřičný škrob)
15 ml/1 polévková lžíce rýžového vína nebo suchého sherry
olej na smažení
250 ml / 8 fl oz / 1 šálek rybího vývaru
15 ml/1 polévková lžíce hnědého cukru
15 ml/1 polévková lžíce vinného octa
2 plátky kořene zázvoru, nakrájené
2 jarní cibulky (cibulky), nakrájené

Rybu dochutíme trochou soli a pepře. Bílky ušlehejte s 30 ml/2 lžícemi kukuřičného škrobu a vínem nebo sherry. Vložte rybu do těsta, dokud nebude zakrytá. Rozehřejte olej a rybu pár minut opékejte dozlatova. Nechte okapat na kuchyňském papíru.

Mezitím přiveďte k varu vývar, cukr a vinný ocet. Přidáme zázvor a jarní cibulku a 3 minuty dusíme. Zbylý kukuřičný škrob rozmixujte s trochou vody, abyste vytvořili pastu, promíchejte

Přidejte do pánve a za stálého míchání vařte, dokud omáčka nevyteče a nezhoustne. Nalijte přes rybu k podávání.

Smažený úhoř

za 4

450 g úhoře
250 ml / 8 fl oz / 1 šálek arašídového oleje (arašídový olej)
30 ml/2 lžíce tmavé sójové omáčky
30 ml/2 lžíce rýžového vína nebo suchého sherry
15 ml/1 polévková lžíce hnědého cukru
Špetka sezamového oleje

Úhoře oloupeme a nakrájíme na kousky. Rozpálíme olej a orestujeme úhoře do zlatova. Vyjměte z pánve a nechte okapat. Vše slijte kromě 30 ml/2 polévkové lžíce oleje. Rozehřejte olej a přidejte sójovou omáčku, víno nebo sherry a cukr. Poté úhoře zahřejte a restujte, dokud není úhoř dobře obalený a téměř všechna tekutina se neodpaří. Pokapeme sezamovým olejem a podáváme.

Nasucho vařený úhoř

za 4

5 sušených čínských hub

3 jarní cibulky (jarní cibulky)

30 ml/2 lžíce arašídového oleje (arašídový olej)

20 stroužků česneku

6 plátků kořene zázvoru

10 vodních kaštanů

900 g / 2 lb úhoři

30 ml/2 lžíce sójové omáčky

15 ml/1 polévková lžíce hnědého cukru

15 ml/1 polévková lžíce rýžového vína nebo suchého sherry

450 ml/¬œ pt/2 šálky vody

15 ml/1 polévková lžíce kukuřičného škrobu (kukuřičný škrob)

45 ml/3 polévkové lžíce vody

5 ml/1 lžička sezamového oleje

Houby namočte na 30 minut do teplé vody, poté slijte a stonky vyhoďte. 1 jarní cibulku nakrájíme na kousky a druhou nasekáme. Rozehřejte olej a žampiony, kousky jarní cibulky, česnek, zázvor a kaštany opékejte 30 sekund. Přidejte úhoře a za stálého míchání smažte 1 minutu. sójová omáčka, cukr, víno popř

Sherry a vodu přiveďte k varu, přikryjte a 1 hodinu vařte doměkka, v případě potřeby podlévejte během vaření trochou vody. Smíchejte kukuřičnou mouku a vodu na pastu, vmíchejte do pánve a za stálého míchání vařte, dokud omáčka nezhoustne. Podáváme pokapané sezamovým olejem a nakrájenou jarní cibulkou.

Úhoř s celerem

za 4

350 g úhoře
6 tyčinek celeru
30 ml/2 lžíce arašídového oleje (arašídový olej)
2 jarní cibulky (cibulky), nakrájené
1 plátek kořene zázvoru, nasekaný
30 ml/2 lžíce vody
5 ml/1 lžička cukru
5 ml/1 lžička rýžového vína nebo suchého sherry
5 ml/1 lžička sójové omáčky
čerstvě mletý pepř
30 ml/2 lžíce nasekané čerstvé petrželky

Úhoře oloupeme a nakrájíme na proužky. Celer nakrájíme na proužky. Rozehřejte olej a 30 sekund smažte jarní cibulku a zázvor. Přidejte úhoře a smažte 30 sekund. Přidejte celer a restujte 30 sekund. Přidejte polovinu vody, cukr, víno nebo sherry, sójovou omáčku a pepř. Přiveďte k varu a vařte několik minut, dokud celer nezměkne, ale stále křupe a tekutina se zredukuje. Podáváme posypané petrželkou.

Papriky plněné treskou jednoskvrnnou

za 4

225 g filé z tresky jednoskvrnné, nakrájené (mleté)
100 g loupaných krevet, nasekaných (mletých)
1 jarní cibulka (cibulka), nakrájená
2,5 ml/¬Ω lžičky soli
pepř
4 zelené papriky
45 ml/3 lžíce arašídového oleje (arašídový olej)
120 ml/4 fl oz/¬Ω šálek kuřecího vývaru
10 ml/2 lžičky kukuřičného škrobu (kukuřičný škrob)
5 ml/1 lžička sójové omáčky

Smíchejte tresku, krevety, jarní cibulku, sůl a pepř. Paprikám odřízněte stonky a vyjměte střed. Papriky naplňte směsí mořských plodů. Rozpálíme olej a přidáme papriku a vývar. Přiveďte k varu, přikryjte a vařte 15 minut. Papriky přesuňte na předehřátý servírovací talíř. Smíchejte kukuřičnou mouku, sójovou omáčku a trochu vody a vmíchejte do pánve. Přiveďte k varu a za stálého míchání vařte, dokud omáčka nevyteče a nezhoustne.

Treska jednoskvrnná v omáčce z černých fazolí

za 4

15 ml/1 polévková lžíce arašídového oleje (arašídový olej)
2 stroužky česneku, rozdrcené
1 plátek kořene zázvoru, nasekaný
15 ml/1 polévková lžíce omáčky z černých fazolí
2 cibule, nakrájené na měsíčky
1 řapíkatý celer, nakrájený na plátky
450 g filé z tresky jednoskvrnné
15 ml/1 polévková lžíce sójové omáčky
15 ml/1 polévková lžíce rýžového vína nebo suchého sherry
250 ml / 1 šálek kuřecího vývaru

Rozehřejte olej a restujte česnek, zázvor a omáčku z černých fazolí, dokud lehce nezhnědnou. Přidejte cibuli a celer a restujte 2 minuty. Přidejte tresku jednoskvrnnou a opékejte asi 4 minuty z každé strany nebo dokud ryba není propečená. Přidejte sójovou omáčku, víno nebo sherry a kuřecí vývar, přiveďte k varu, přikryjte pokličkou a vařte 3 minuty.

Ryba v hnědé omáčce

za 4

4 tresky jednoskvrnné nebo podobné ryby
45 ml/3 lžíce arašídového oleje (arašídový olej)
2 jarní cibulky (cibulky), nakrájené
2 plátky kořene zázvoru, nakrájené
5 ml/1 lžička sójové omáčky
2,5 ml/¬Ω lžičky vinného octa
2,5 ml/¬Ω lžičky rýžového vína nebo suchého sherry
2,5 ml/¬Ω lžičky cukru
čerstvě mletý pepř
2,5 ml/¬Ω lžičky sezamového oleje

Rybu očistíme a nakrájíme na velké kusy. Rozehřejte olej a 30 sekund smažte jarní cibulku a zázvor. Přidejte rybu a opékejte, dokud z obou stran lehce nezhnědne. Přidejte sójovou omáčku, vinný ocet, víno nebo sherry, cukr a pepř a vařte 5 minut, dokud omáčka nezhoustne. Podávejte pokapané sezamovým olejem.

Pět kořeněných ryb

za 4

450 g filé z tresky jednoskvrnné
5 ml/1 lžička prášku z pěti koření
5 ml/1 lžička soli
30 ml/2 lžíce arašídového oleje (arašídový olej)
2 stroužky česneku, rozdrcené
2 plátky kořene zázvoru, nakrájené
30 ml/2 lžíce rýžového vína nebo suchého sherry
15 ml/1 polévková lžíce sójové omáčky
10 ml/2 lžičky sezamového oleje

Filety z tresky potřete práškem z pěti koření a solí. Rozehřejte olej a rybu opečte z obou stran do zhnědnutí a poté vyjměte z pánve. Přidejte česnek, zázvor, víno nebo sherry, sójovou omáčku a sezamový olej a restujte 1 minutu. Vraťte rybu do pánve a vařte doměkka, dokud ryba nezměkne.

Treska jednoskvrnná s česnekem

za 4

450 g filé z tresky jednoskvrnné
5 ml/1 lžička soli
30 ml/2 lžíce kukuřičného škrobu (kukuřičný škrob)
60 ml/4 lžíce arašídového oleje (arašídový olej)
6 stroužků česneku
2 plátky kořene zázvoru, drcené
45 ml/3 polévkové lžíce vody
30 ml/2 lžíce sójové omáčky
15 ml/1 polévková lžíce omáčky ze žlutých fazolí
15 ml/1 polévková lžíce rýžového vína nebo suchého sherry
15 ml/1 polévková lžíce hnědého cukru

Tresku jednoskvrnnou posypeme solí a poprášíme kukuřičným škrobem. Rozpálíme olej a rybu opečeme z obou stran do zlatova, poté vyjmeme z pánve. Přidejte česnek a zázvor a opékejte 1 minutu. Přidáme zbývající ingredience, přivedeme k varu, přikryjeme a 5 minut dusíme. Rybu vrátíme do pánve, přikryjeme a dusíme do měkka.

Pikantní ryba

za 4

450 g filé z tresky jednoskvrnné, nakrájené na kostičky
šťáva z 1 citronu
30 ml/2 lžíce sójové omáčky
30 ml/2 lžíce ústřicové omáčky
15 ml/1 polévková lžíce strouhané citronové kůry
Špetka mletého zázvoru
sůl a pepř
2 bílky
45 ml/3 lžíce kukuřičného škrobu (kukuřičný škrob)
6 sušených čínských hub
olej na smažení
5 jarních cibulek (jarních cibulek), nakrájených na proužky
1 tyčinka celeru, nakrájená na proužky
100 g bambusových výhonků nakrájených na proužky
250 ml / 1 šálek kuřecího vývaru
5 ml/1 lžička prášku z pěti koření

Rybu dejte do misky a pokapejte citronovou šťávou. Smíchejte sójovou omáčku, ústřicovou omáčku, citronovou kůru, zázvor, sůl, pepř, vaječný bílek a vše kromě 5 ml/1 lžičku kukuřičného škrobu. Odejít

Marinujte 2 hodiny za občasného míchání. Houby namočte na 30 minut do teplé vody a poté slijte. Vyhoďte stonky a nakrájejte klobouky. Rozehřejte olej a rybu pár minut opékejte dozlatova. Vyjměte z pánve. Přidejte zeleninu a opékejte, dokud nebude měkká, ale stále křupavá. Slijte olej. Kuřecí vývar smícháme se zbylým kukuřičným škrobem, přidáme k zelenině a přivedeme k varu. Vraťte rybu do pánve, okořeňte práškem pěti koření a před podáváním prohřejte.

Treska zázvorová s Pak Soi

za 4

450 g filé z tresky jednoskvrnné

sůl a pepř

225 g sóji

30 ml/2 lžíce arašídového oleje (arašídový olej)

1 plátek kořene zázvoru, nasekaný

1 cibule, nakrájená

2 sušené červené chilli papričky

5 ml/1 lžička medu

10 ml/2 lžičky rajčatového kečupu (katsup)

10 ml/2 lžičky sladového octa

30 ml/2 lžíce suchého bílého vína

10 ml/2 lžičky sójové omáčky

10 ml/2 lžičky rybí omáčky

10 ml/2 lžičky ústřicové omáčky

5 ml/1 lžička krevetové pasty

Tresku jednoskvrnnou zbavte kůže a poté nakrájejte na 2 cm kousky. Posypte solí a pepřem. Zelí nakrájíme na malé kousky. Rozehřejte olej a 1 minutu orestujte zázvor a cibuli. Přidejte zelí a chilli papričky a restujte 30 sekund. Přidejte med, rajče

Kečup, ocet a víno. Přidejte tresku a 2 minuty vařte. Vmícháme sójovou, rybí a ústřicovou omáčku a krevetovou pastu a dusíme doměkka, dokud treska nezměkne.

Copánky z tresky jednoskvrnné

za 4

450 g filé z tresky jednoskvrnné, bez kůže
Sůl-
5 ml/1 lžička prášku z pěti koření
šťáva ze 2 citronů
5 ml/1 lžička anýzu, mletý
5 ml/1 lžička čerstvě mletého pepře
30 ml/2 lžíce sójové omáčky
30 ml/2 lžíce ústřicové omáčky
15 ml/1 polévková lžíce medu
60 ml/4 lžíce nasekané pažitky
8,10 listů špenátu
45 ml/3 lžíce vinného octa

Rybu nakrájejte na dlouhé tenké proužky a vytvarujte do copů, posypte solí, práškem z pěti koření a citronovou šťávou a vložte do mísy. Smíchejte anýz, pepř, sójovou omáčku, ústřicovou omáčku, med a pažitku, nalijte na rybu a nechte alespoň 30 minut marinovat. Napařovací koš vyložte listovým špenátem, položte na něj pletence, přikryjte a vařte s octem v mírně vroucí vodě asi 25 minut.

Dušená rybí rolka

za 4

450 g filé z tresky jednoskvrnné, zbavené kůže a nakrájené na kostičky
šťáva z 1 citronu
30 ml/2 lžíce sójové omáčky
30 ml/2 lžíce ústřicové omáčky
30 ml/2 lžíce švestkové omáčky
5 ml/1 lžička rýžového vína nebo suchého sherry
sůl a pepř
6 sušených čínských hub
100 gramů fazolových klíčků
100 g zeleného hrášku
50 g vlašských ořechů, nasekaných
1 vejce, rozšlehané
30 ml/2 lžíce kukuřičného škrobu (kukuřičný škrob)
225 g čínského zelí, blanšírovaného

Vložte rybu do misky. Smíchejte dohromady citronovou šťávu, sójovou, ústřicovou a švestkovou omáčku, víno nebo sherry a sůl a pepř. Nalijte na rybu a nechte 30 minut marinovat. Přidejte zeleninu, ořechy, vejce a kukuřičný škrob a dobře promíchejte. Položte na sebe 3 čínské listy, navrch dejte trochu rybí směsi a srolovat. Pokračujte, dokud nespotřebujete všechny ingredience. Housky vložte do parního koše, přikryjte a vařte nad mírně vroucí vodou 30 minut.

Halibut s rajčatovou omáčkou

za 4

450 g filetů z halibuta

Sůl-

15 ml/1 polévková lžíce omáčky z černých fazolí

1 stroužek česneku, rozdrcený

2 jarní cibulky (cibulky), nakrájené

2 plátky kořene zázvoru, nakrájené

15 ml/1 polévková lžíce rýžového vína nebo suchého sherry

15 ml/1 polévková lžíce sójové omáčky

200 g konzervovaných rajčat, okapaných

30 ml/2 lžíce arašídového oleje (arašídový olej)

Halibuta bohatě posypte solí a nechte 1 hodinu odpočinout. Opláchněte sůl a osušte. Vložte rybu do zapékací mísy a posypte omáčkou z černých fazolí, česnekem, jarní cibulkou, zázvorem, vínem nebo sherry, sójovou omáčkou a rajčaty. Umístěte misku na mřížku do pařáku, přikryjte a vařte v páře nad vroucí vodou po dobu 20 minut, dokud nebude ryba hotová. Rozehřejte olej téměř do kouře a před podáváním posypte rybu.

Mořský ďas s brokolicí

za 4

450 g ocasu ďasa, nakrájeného na kostičky
sůl a pepř
45 ml/3 lžíce arašídového oleje (arašídový olej)
50 g žampionů, nakrájených na plátky
1 malá mrkev, nakrájená na proužky
1 stroužek česneku, rozdrcený
2 plátky kořene zázvoru, nakrájené
45 ml/3 polévkové lžíce vody
275 g růžičky brokolice
5 ml/1 lžička cukru
5 ml/1 lžička kukuřičného škrobu (kukuřičný škrob)
45 ml/3 polévkové lžíce vody

Moře dobře osolíme a opepříme. Rozehřejte 30 ml/2 lžíce oleje a zlehka osmahněte ďasa, houby, mrkev, česnek a zázvor. Přilijeme vodu a dále dusíme odkryté na mírném ohni. Mezitím brokolici blanšírujte ve vroucí vodě, dokud nezměkne, a poté ji dobře sceďte. Zahřejte zbývající olej a orestujte brokolici a cukr se špetkou soli, dokud nebude brokolice dobře obalená olejem. Podávejte kolem teplého pokrmu

servírovací talíř. Kukuřičný škrob a vodu smícháme na pastu, vmícháme do ryby a za stálého míchání dusíme, dokud omáčka nezhoustne. Nalijte na brokolici a ihned podávejte.

Parmice s hustou sójovou omáčkou

za 4

1 parmice
olej na smažení
30 ml/2 lžíce arašídového oleje (arašídový olej)
2 jarní cibulky (cibulky), nakrájené na plátky
2 plátky kořene zázvoru, nakrájené
1 červená chilli papričká, nakrájená
250 ml / 8 fl oz / 1 šálek rybího vývaru
15 ml/1 polévková lžíce husté sójové omáčky
15 ml/1 polévková lžíce čerstvě mletých bílků
pepř
15 ml/1 polévková lžíce rýžového vína nebo suchého sherry

Rybu nakrájejte a na každé straně diagonálně rýžujte. Rozpálíme olej a napůl uvařenou rybu opečeme. Vyjměte z oleje a dobře sceďte. Rozpálíme olej a 1 minutu orestujeme jarní cibulku, zázvor a chilli. Přidejte zbývající ingredience, dobře promíchejte a přiveďte k varu. Přidáme rybu a dusíme odkryté, dokud ryba nezměkne a tekutina se téměř neodpaří.

západní mořské ryby

za 4

1 parmice
30 ml/2 lžíce arašídového oleje (arašídový olej)
4 jarní cibulky (zelené cibulky), nastrouhané
1 červená chilli papričка, nakrájená
4 plátky kořene zázvoru, nakrájené
45 ml/3 lžíce hnědého cukru
30 ml/2 lžíce červeného vinného octa
30 ml/2 lžíce vody
30 ml/2 lžíce sójové omáčky
čerstvě mletý pepř

Rybu očistěte, očistěte a na každé straně udělejte 2 nebo 3 diagonální řezy. Rozehřejte olej a 30 sekund opékejte polovinu jarní cibulky, chilli papričku a zázvor. Přidejte rybu a opékejte, dokud z obou stran lehce nezhnědne. Přidejte cukr, vinný ocet, vodu, sójovou omáčku a pepř, přiveďte k varu, přikryjte a vařte asi 20 minut, dokud není ryba hotová a omáčka zredukovaná. Podáváme ozdobené zbylou jarní cibulkou.

Smažený platýs

za 4

4 filety platýse
Sůl a čerstvě mletý pepř
30 ml/2 lžíce arašídového oleje (arašídový olej)
1 plátek kořene zázvoru, nasekaný
1 stroužek česneku, rozdrcený
listy salátu

Platýse bohatě osolte a opepřete. Rozehřejte olej a restujte zázvor a česnek po dobu 20 sekund. Přidejte rybu a smažte, dokud nebude uvařená a dozlatova. Dobře sceďte a podávejte na salátovém lůžku.

Dušená platýs s čínskými houbami

za 4

4 sušené čínské houby
450 g filé z platýse nakrájeného na kostičky
1 stroužek česneku, rozdrcený
1 plátek kořene zázvoru, nasekaný
15 ml/1 polévková lžíce sójové omáčky
15 ml/1 polévková lžíce rýžového vína nebo suchého sherry
5 ml/1 lžička hnědého cukru
350 g vařené dlouhozrnné rýže

Houby namočte na 30 minut do teplé vody a poté slijte. Vyhoďte stonky a nakrájejte klobouky. Smíchejte platýse, česnek, zázvor, sójovou omáčku, víno nebo sherry a cukr, přikryjte a nechte 1 hodinu marinovat. Vložte rýži do parního hrnce a navrch položte rybu. Vařte v páře 30 minut, dokud nebude ryba hotová.

Platýs s česnekem

za 4

350 g filé z platýse

Sůl-

45 ml/3 lžíce kukuřičného škrobu (kukuřičný škrob)

1 vejce, rozšlehané

60 ml/4 lžíce arašídového oleje (arašídový olej)

3 stroužky česneku, nakrájené

4 jarní cibulky (nakrájená cibulka).

15 ml/1 polévková lžíce rýžového vína nebo suchého sherry

5 ml/1 lžička sezamového oleje

Platýse zbavíme kůže a nakrájíme na proužky. Posypte solí a nechte 20 minut odpočinout. Rybu popráším kukuřičným škrobem a poté ponoříme do vajíčka. Rozehřejte olej a rybí nudličky smažte asi 4 minuty do zlatohněda. Vyjměte z pánve a nechte okapat na kuchyňském papíru. Z pánve vylijte všechno kromě 5 ml/1 lžičku oleje a přidejte zbývající ingredience. Za stálého míchání přiveďte k varu a poté 3 minuty povařte. Nalijte na rybu a ihned podávejte.

Platýs s ananasovou omáčkou

za 4

450 g filé z platýse
5 ml/1 lžička soli
30 ml/2 lžíce sójové omáčky
200 g konzervovaného ananasu
2 vejce, rozšlehaná
100 g/4 oz/¬Ω šálek kukuřičného škrobu (kukuřičný škrob)
olej na smažení
30 ml/2 lžíce vody
5 ml/1 lžička sezamového oleje

Platýs nakrájíme na proužky a dáme do mísy. Zakápněte solí, sójovou omáčkou a 30 ml/2 lžíce ananasové šťávy a nechte 10 minut odležet. Vejce rozšleháme se 45 ml/3 lžícemi kukuřičného škrobu do těstíčka a rybu v těstíčku namáčíme. Rozpálíme olej a rybu opečeme do zlatova. Scedíme na kuchyňském pepři. Nalijte zbývající ananasovou šťávu do malého hrnce. Smíchejte 30 ml/2 lžíce kukuřičného škrobu s vodou a vmíchejte do pánve. Přiveďte k varu a za stálého míchání vařte do zhoustnutí. Přidejte polovinu kousků ananasu a prohřejte. Těsně před podáváním vmíchejte sezamový olej. Uvařenou rybu naaranžujeme na předehřátou porci

Podávejte a ozdobte odloženým ananasem. Přelijeme horkou omáčkou a ihned podáváme.

Losos s tofu

za 4

120 ml/4 fl oz/¬Ω šálek arašídového oleje (arašídový olej)
450 g tofu, nakrájeného na kostičky
2,5 ml/¬Ω lžičky sezamového oleje
100 g filé z lososa, nakrájené
Špetka chilli omáčky
250 ml / 8 fl oz / 1 šálek rybího vývaru
15 ml/1 polévková lžíce kukuřičného škrobu (kukuřičný škrob)
45 ml/3 polévkové lžíce vody
2 jarní cibulky (cibulky), nakrájené

Rozehřejte olej a orestujte tofu, dokud lehce nezhnědne. Vyjměte z pánve. Rozehřejte olej a sezamový olej a restujte lososa a chilli omáčku po dobu 1 minuty. Přilijte vývar, přiveďte k varu a tofu vraťte do pánve. Dusíme odkryté, dokud se suroviny neprovaří a tekutina se zredukuje. Smíchejte kukuřičný škrob a vodu na pastu. Postupně vmícháme a za stálého míchání dusíme, dokud směs nezhoustne. Možná nebudete potřebovat všechnu pastu z kukuřičného škrobu, pokud snížíte množství tekutiny. Položte na nahřátý talíř a posypte jarní cibulkou.

Smažené marinované ryby

za 4

450 g šprotů nebo jiných malých ryb, očištěných
3 plátky kořene zázvoru, nakrájené
120 ml/4 fl oz/¬Ω šálek sójové omáčky
15 ml/1 polévková lžíce rýžového vína nebo suchého sherry
1 hřebíček badyánu
olej na smažení
15 ml/1 polévková lžíce sezamového oleje

Vložte rybu do misky. Smíchejte zázvor, sójovou omáčku, víno nebo sherry a anýz, nalijte na rybu a za občasného obracení nechte 1 hodinu odležet. Rybu sceďte, marinádu vylijte. Rozehřejte olej a ryby na něm po dávkách opékejte dokřupava a dozlatova. Necháme okapat na kuchyňském papíře a podáváme pokapané sezamovým olejem.

Pstruh s mrkví

za 4

15 ml/1 polévková lžíce arašídového oleje (arašídový olej)
1 stroužek česneku, rozdrcený
1 plátek kořene zázvoru, nasekaný
4 pstruzi
2 mrkve, nakrájené na proužky
25 g bambusových výhonků nakrájených na proužky
25 g vodních kaštanů nakrájených na proužky
15 ml/1 polévková lžíce sójové omáčky
15 ml/1 polévková lžíce rýžového vína nebo suchého sherry

Rozehřejte olej a orestujte česnek a zázvor, dokud lehce nezhnědnou. Přidejte rybu, přikryjte a opékejte, dokud nebude ryba neprůhledná. Přidejte mrkev, bambusové výhonky, kaštany, sójovou omáčku a víno nebo sherry, opatrně promíchejte, přikryjte a vařte asi 5 minut.

Smažený pstruh

za 4

4 pstruzi, očištění a zbavení šupin
2 vejce, rozšlehaná
50 g/2 oz/¬Ω šálek čisté (univerzální) mouky
olej na smažení
1 citron, nakrájený na měsíčky

Rybu na každé straně několikrát diagonálně nařízněte. Ponořte do rozšlehaných vajec a poté vmíchejte mouku, aby se úplně obalila. Přebytečný materiál setřeste. Zahřejte olej a opékejte rybu, dokud nebude uvařená, asi 10 až 15 minut. Necháme okapat na kuchyňském papíře a podáváme s citronem.

Pstruh s citronovou omáčkou

za 4

450 ml/¬œ pt/2 šálky kuřecího vývaru
5 cm/2 čtvercového kousku citronové kůry
150 ml/¬° pt/volně ¬Ω šálek citronové šťávy
90 ml/6 lžic hnědého cukru
2 plátky kořene zázvoru, nakrájené na proužky
30 ml/2 lžíce kukuřičného škrobu (kukuřičný škrob)
4 pstruzi
375 g / 12 oz / 3 šálky čisté (univerzální) mouky
175 ml/6 fl oz/¬œ šálek vody
olej na smažení
2 bílky
8 jarní cibulky, nakrájené na tenké plátky

Na omáčku smíchejte vývar, citronovou kůru a šťávu, cukr a 5 minut. Sundejte z plotny, přeceďte a vraťte do pánve. Smíchejte kukuřičný škrob s trochou vody a poté vmíchejte do pánve. Vařte 5 minut za častého míchání. Sundejte ze sporáku a omáčku udržujte teplou.

Rybu z obou stran lehce obalte v troše mouky. Zbylou mouku smíchejte s vodou a 10 ml/2 lžičky oleje do hladka. Z bílků ušlehejte tuhý, ale ne suchý sníh a vmíchejte do těsta. Zahřejte zbývající olej. Rybu ponořte do těsta, aby byla zcela pokryta. Rybu vařte, jednou otočte, dokud nebude propečená a dozlatova, asi 10 minut. Nechte okapat na kuchyňském papíru. Uspořádejte rybu na předehřátý servírovací talíř. Do teplé omáčky vmícháme jarní cibulku, přelijeme rybu a ihned podáváme.

Čínský tuňák

za 4

30 ml/2 lžíce arašídového oleje (arašídový olej)
1 cibule, nakrájená
200 g konzervovaného tuňáka, okapaného a ve vločkách
2 tyčinky celeru, nakrájené
100 g žampionů, nakrájených
1 zelená paprika, nakrájená
250 ml / 8 fl oz / 1 šálek vývaru
30 ml/2 lžíce sójové omáčky
100 g jemných vaječných nudlí
Sůl-
15 ml/1 polévková lžíce kukuřičného škrobu (kukuřičný škrob)
45 ml/3 polévkové lžíce vody

Rozpálíme olej a orestujeme cibuli do měkka. Přidejte tuňáka a míchejte, dokud se dobře nepokryje olejem. Přidejte celer, houby a papriku a restujte 2 minuty. Přidejte vývar a sójovou omáčku, přiveďte k varu, přikryjte a vařte 15 minut. Mezitím uvařte těstoviny ve vroucí osolené vodě doměkka, asi 5 minut, poté je dobře sceďte a naaranžujte na předehřátou porci

Talíř. Smíchejte kukuřičnou mouku a vodu, směs vmíchejte do tuňákové omáčky a za stálého míchání vařte, dokud omáčka nezmizí a nezhoustne.

Marinované rybí steaky

za 4

4 steaky z tresky nebo tresky jednoskvrnné
2 stroužky česneku, rozdrcené
2 plátky kořene zázvoru, drcené
3 jarní cibulky (cibulky), nakrájené
15 ml/1 polévková lžíce rýžového vína nebo suchého sherry
15 ml/1 polévková lžíce vinného octa
Sůl a čerstvě mletý pepř
45 ml/3 lžíce arašídového oleje (arašídový olej)

Vložte rybu do misky. Smíchejte česnek, zázvor, jarní cibulku, víno nebo sherry, vinný ocet, sůl a pepř, nalijte na rybu, přikryjte a nechte několik hodin marinovat. Vyjměte rybu z marinády. Rozpálíme olej a rybu opečeme z obou stran, poté vyjmeme z pánve. Přidejte marinádu do pánve, přiveďte k varu, poté vraťte rybu do pánve a vařte doměkka, dokud se neuvaří.

Krevety s mandlemi

za 4

100 gramů mandlí
225 g velkých neloupaných krevet
2 plátky kořene zázvoru, nakrájené
15 ml/1 polévková lžíce kukuřičného škrobu (kukuřičný škrob)
2,5 ml/¬Ω lžičky soli
30 ml/2 lžíce arašídového oleje (arašídový olej)
2 stroužky česneku
2 tyčinky celeru, nakrájené
5 ml/1 lžička sójové omáčky
5 ml/1 lžička rýžového vína nebo suchého sherry
30 ml/2 lžíce vody

Mandle opražte na suché pánvi, dokud lehce nezhnědnou, a poté odstavte. Krevety oloupejte, ocas ponechte a podélně je rozkrojte napůl směrem k ocasu. Smíchejte se zázvorem, kukuřičným škrobem a solí. Rozehřejte olej a orestujte česnek, dokud lehce nezhnědne, poté česnek vyhoďte. Do pánve přidejte celer, sójovou omáčku, víno nebo sherry a vodu a přiveďte k varu. Přidejte krevety a za stálého míchání je smažte, dokud nebudou uvařené. Podávejte posypané opraženými mandlemi.

anýzové krevety

za 4

45 ml/3 lžíce arašídového oleje (arašídový olej)
15 ml/1 polévková lžíce sójové omáčky
5 ml/1 lžička cukru
120 ml/4 fl oz/¬Ω šálek rybího vývaru
Špetka mletého anýzu
450 g loupaných krevet

Rozehřejte olej, přidejte sójovou omáčku, cukr, vývar a anýz a přiveďte k varu. Přidejte krevety a vařte několik minut, dokud se neprohřejí a neochutí.

Krevety s chřestem

za 4

450 g chřestu, nakrájeného na kousky
45 ml/3 lžíce arašídového oleje (arašídový olej)
2 plátky kořene zázvoru, nakrájené
15 ml/1 polévková lžíce sójové omáčky
15 ml/1 polévková lžíce rýžového vína nebo suchého sherry
5 ml/1 lžička cukru
2,5 ml/¬Ω lžičky soli
225 g loupaných krevet

Chřest spaříme 2 minuty ve vroucí vodě a poté dobře scedíme. Rozehřejte olej a pár sekund orestujte zázvor. Přidejte chřest a míchejte, dokud se dobře nepokryje olejem. Přidejte sójovou omáčku, víno nebo sherry, cukr a sůl a prohřejte. Přidejte krevety a míchejte na mírném ohni, dokud chřest nezměkne.

Krevety se slaninou

za 4

450 g velkých neloupaných krevet
100 gramů slaniny
1 vejce, lehce rozšlehané
2,5 ml/¬Ω lžičky soli
15 ml/1 polévková lžíce sójové omáčky
50 g/2 oz/¬Ω šálek kukuřičného škrobu (kukuřičný škrob)
olej na smažení

Oloupejte krevety a nechte ocasy nedotčené. Rozpůlte podélně k ocasu. Slaninu nakrájíme na malé čtverečky. Do středu každé krevety vtlačte kousek slaniny a obě poloviny přitiskněte k sobě. Vejce rozšleháme se solí a sójovou omáčkou. Ponořte krevety do vajíčka a poté je poprašte kukuřičným škrobem. Rozehřejte olej a opečte krevety do křupava a do zlatova.

krevetové kuličky

za 4

3 sušené čínské houby
450 g krevet, nakrájených nadrobno
6 vodních kaštanů, nasekaných nadrobno
1 jarní cibulka, nakrájená nadrobno
1 plátek kořene zázvoru, jemně nasekaný
Sůl a čerstvě mletý pepř
2 vejce, rozšlehaná
15 ml/1 polévková lžíce kukuřičného škrobu (kukuřičný škrob)
50 g/2 oz/¬Ω šálek čisté (univerzální) mouky
Arašídový (arašídový) olej na smažení

Houby namočte na 30 minut do teplé vody a poté slijte. Stonky vyhoďte a kloboučky nasekejte nadrobno. Vmíchejte krevety, vodní kaštany, jarní cibulku a zázvor a dochuťte solí a pepřem. Vmíchejte 1 vejce a 5 ml/1 lžičku kukuřičného škrobu a vyválejte kuličky o velikosti vrchovaté čajové lžičky.

Zbylé vejce, kukuřičný škrob a mouku rozšlehejte a přidejte tolik vody, aby vzniklo husté, hladké těsto. Kuličky válejte do

Grilované krevety

za 4

450 g velkých loupaných krevet
100 gramů slaniny
225 g kuřecích jater, nakrájených na plátky
1 stroužek česneku, rozdrcený
2 plátky kořene zázvoru, nakrájené
30 ml/2 lžíce cukru
120 ml/4 fl oz/¬Ω šálek sójové omáčky
Sůl a čerstvě mletý pepř

Krevety podél hřbetu rozřízněte, aniž byste je prořízli, a mírně je zploštěte. Slaninu nakrájejte na kousky a vložte do mísy s krevetami a kuřecími játry. Zbylé ingredience smíchejte dohromady, nalijte na krevety a nechte 30 minut odpočívat. Napíchněte krevety, slaninu a játra na špízy a grilujte nebo opékejte za častého otáčení, dokud nejsou propečené, asi 5 minut, občas podlévejte marinádou.

Krevety s bambusovými výhonky

za 4

60 ml/4 lžíce arašídového oleje (arašídový olej)
1 stroužek česneku, nasekaný
1 plátek kořene zázvoru, nasekaný
450 g loupaných krevet
30 ml/2 lžíce rýžového vína nebo suchého sherry
225 g bambusových výhonků
30 ml/2 lžíce sójové omáčky
15 ml/1 polévková lžíce kukuřičného škrobu (kukuřičný škrob)
45 ml/3 polévkové lžíce vody

Rozehřejte olej a orestujte česnek a zázvor, dokud lehce nezhnědnou. Přidejte krevety a restujte 1 minutu. Přidejte víno nebo sherry a dobře promíchejte. Přidejte bambusové výhonky a za stálého míchání smažte 5 minut. Přidejte zbývající ingredience a za stálého míchání smažte 2 minuty.

Krevety s fazolovými klíčky

za 4

4 sušené čínské houby
30 ml/2 lžíce arašídového oleje (arašídový olej)
1 stroužek česneku, rozdrcený
225 g loupaných krevet
15 ml/1 polévková lžíce rýžového vína nebo suchého sherry
450 g fazolových klíčků
120 ml/4 fl oz/¬Ω šálek kuřecího vývaru
15 ml/1 polévková lžíce sójové omáčky
15 ml/1 polévková lžíce kukuřičného škrobu (kukuřičný škrob)
Sůl a čerstvě mletý pepř
2 jarní cibulky, nakrájené

Houby namočte na 30 minut do teplé vody a poté slijte. Vyhoďte stonky a nakrájejte klobouky. Rozehřejte olej a orestujte česnek, dokud lehce nezhnědne. Přidejte krevety a restujte 1 minutu. Přidejte víno nebo sherry a restujte 1 minutu. Vmícháme houby a fazolové klíčky. Smíchejte vývar, sójovou omáčku a kukuřičný škrob a vmíchejte do pánve. Přiveďte k varu, poté vařte za stálého míchání, dokud omáčka nezmizí a nezhoustne. Dochuťte solí a pepřem. Podáváme posypané jarní cibulkou.

Krevety s omáčkou z černých fazolí

za 4

30 ml/2 lžíce arašídového oleje (arašídový olej)
5 ml/1 lžička soli
1 stroužek česneku, rozdrcený
45 ml/3 lžíce omáčky z černých fazolí
1 zelená paprika, nakrájená
1 cibule, nakrájená
120 ml/4 fl oz/¬Ω šálek rybího vývaru
5 ml/1 lžička cukru
15 ml/1 polévková lžíce sójové omáčky
225 g loupaných krevet
15 ml/1 polévková lžíce kukuřičného škrobu (kukuřičný škrob)
45 ml/3 polévkové lžíce vody

Rozehřejte olej a restujte sůl, česnek a omáčku z černých fazolí po dobu 2 minut. Přidejte papriku a cibuli a restujte 2 minuty. Přidejte vývar, cukr a sójovou omáčku a přiveďte k varu. Přidejte krevety a vařte 2 minuty. Smíchejte kukuřičnou mouku a vodu na pastu, přidejte do pánve a za stálého míchání vařte, dokud nebude omáčka čirá a hustá.

Krevety s celerem

za 4

45 ml/3 lžíce arašídového oleje (arašídový olej)
3 plátky kořene zázvoru, nakrájené
450 g loupaných krevet
5 ml/1 lžička soli
15 ml/1 polévková lžíce sherry
4 tyčinky celeru, nakrájené
100 g mandlí, nasekaných

Rozehřejte polovinu oleje a orestujte zázvor, dokud lehce nezhnědne. Přidejte krevety, sůl a sherry a za stálého míchání smažte, dokud se dobře nepokryjí olejem, a poté vyjměte z pánve. Zbylý olej rozehřejte a celer a mandle pár minut restujte, dokud celer nezměkne, ale stále křupe. Vraťte krevety do pánve, dobře promíchejte a před podáváním prohřejte.

Smažené krevety s kuřecím masem

za 4

30 ml/2 lžíce arašídového oleje (arašídový olej)
2 stroužky česneku, rozdrcené
225 g vařeného kuřete nakrájeného na tenké plátky
100 g bambusových výhonků, nakrájených na plátky
100 g žampionů, nakrájených na plátky
75 ml/5 lžic rybího vývaru
225 g loupaných krevet
225 g cukrového hrachu (sněhový hrášek)
15 ml/1 polévková lžíce kukuřičného škrobu (kukuřičný škrob)
45 ml/3 polévkové lžíce vody

Rozehřejte olej a orestujte česnek, dokud lehce nezhnědne. Přidejte kuře, bambusové výhonky a houby a za stálého míchání opékejte, dokud se dobře nepokryje olejem. Přilijeme vývar a přivedeme k varu. Přidejte krevety a cukrový hrášek, přikryjte a vařte 5 minut. Smíchejte kukuřičný škrob a vodu na pastu, vmíchejte do pánve a za stálého míchání vařte, dokud omáčka nezbyde čirá a nezhoustne. Ihned podávejte.

Chilli krevety

za 4

450 g loupaných krevet
1 vaječný bílek
10 ml/2 lžičky kukuřičného škrobu (kukuřičný škrob)
5 ml/1 lžička soli
60 ml/4 lžíce arašídového oleje (arašídový olej)
25 g sušených červených chilli papriček, nakrájených
1 stroužek česneku, rozdrcený
5 ml/1 lžička čerstvě mletého pepře
15 ml/1 polévková lžíce sójové omáčky
5 ml/1 lžička rýžového vína nebo suchého sherry
2,5 ml/½ lžičky cukru
2,5 ml/½ lžičky vinného octa
2,5 ml/½ lžičky sezamového oleje

Vložte krevety do misky s bílkem, kukuřičným škrobem a solí a nechte 30 minut marinovat. Rozehřejte olej a 1 minutu orestujte chilli, česnek a pepř. Přidejte krevety a zbývající ingredience a za stálého míchání smažte několik minut, dokud se krevety neprohřejí a ingredience se dobře nespojí.

Krevety Chop Suey

za 4

60 ml/4 lžíce arašídového oleje (arašídový olej)
2 jarní cibulky (cibulky), nakrájené
2 stroužky česneku, rozdrcené
1 plátek kořene zázvoru, nasekaný
225 g loupaných krevet
100 g mraženého hrášku
100 g žampionů, rozpůlených
30 ml/2 lžíce sójové omáčky
15 ml/1 polévková lžíce rýžového vína nebo suchého sherry
5 ml/1 lžička cukru
5 ml/1 lžička soli
15 ml/1 polévková lžíce kukuřičného škrobu (kukuřičný škrob)

Rozehřejte 45 ml/3 lžíce oleje a zlehka osmahněte jarní cibulku, česnek a zázvor. Přidejte krevety a restujte 1 minutu. Vyjměte z pánve. Zbylý olej rozehřejte a hrášek a houby 3 minuty orestujte. Přidejte krevety, sójovou omáčku, víno nebo sherry, cukr a sůl a za stálého míchání opékejte 2 minuty. Kukuřičnou mouku smícháme s trochou vody, vmícháme do pánve a za stálého míchání dusíme, dokud není omáčka čirá a hustá.

Krevety Chow Mein

za 4

450 g loupaných krevet
15 ml/1 polévková lžíce kukuřičného škrobu (kukuřičný škrob)
15 ml/1 polévková lžíce sójové omáčky
15 ml/1 polévková lžíce rýžového vína nebo suchého sherry
4 sušené čínské houby
30 ml/2 lžíce arašídového oleje (arašídový olej)
5 ml/1 lžička soli
1 plátek kořene zázvoru, nasekaný
100 g čínského zelí, nakrájeného na plátky
100 g bambusových výhonků, nakrájených na plátky
Měkké smažené nudle

Smíchejte krevety s kukuřičným škrobem, sójovou omáčkou a vínem nebo sherry a za občasného míchání nechte odstát. Houby namočte na 30 minut do teplé vody a poté slijte. Vyhoďte stonky a nakrájcjtc klobouky. Rozehřejte olej a smažte sůl a zázvor po dobu 1 minuty. Přidejte zelí a bambusové výhonky a míchejte, dokud se nepotří olejem. Přikryjeme a dusíme 2 minuty. Vmíchejte krevety a marinádu a vařte 3 minuty. Vmícháme scezené těstoviny a před podáváním je prohřejeme.

Krevety s cuketou a liči

za 4

12 královských krevet
sůl a pepř
10 ml/2 lžičky sójové omáčky
10 ml/2 lžičky kukuřičného škrobu (kukuřičný škrob)
15 ml/1 polévková lžíce arašídového oleje (arašídový olej)
4 stroužky česneku, rozdrcené
2 červené chilli papričky, nakrájené
225 g cukety (cukety), nakrájené na kostičky
2 jarní cibulky (cibulky), nakrájené
12 liči, vypeckovaných
120 ml/4 fl oz/ ½ šálek kokosové smetany
10 ml/2 čajové lžičky jemného kari
5 ml/1 lžička rybí omáčky

Oloupejte krevety a nechte ocas. Posypeme solí, pepřem a sójovou omáčkou a potřeme kukuřičným škrobem. Rozehřejte olej a 1 minutu restujte česnek, chilli papričky a krevety. Přidejte cuketu, jarní cibulku a liči a restujte 1 minutu. Vyjměte z pánve. Do pánve nalijeme kokosovou smetanu, přivedeme k varu a 2 minuty povaříme. Vmícháme kari prášek a rybí omáčku a dochutíme solí a pepřem. Krevety a zeleninu vraťte do omáčky k prohřátí před podáváním.

Krevety s kraby

za 4

45 ml/3 lžíce arašídového oleje (arašídový olej)
3 jarní cibulky (cibulky), nakrájené
1 nakrájený kořen zázvoru, nasekaný
225 g krabího masa
15 ml/1 polévková lžíce rýžového vína nebo suchého sherry
30 ml/2 lžíce kuřecího nebo rybího vývaru
15 ml/1 polévková lžíce sójové omáčky
5 ml/1 lžička hnědého cukru
5 ml/1 lžička vinného octa
čerstvě mletý pepř
10 ml/2 lžičky kukuřičného škrobu (kukuřičný škrob)
225 g loupaných krevet

Rozehřejte 30 ml/2 lžíce oleje a orestujte jarní cibulku a zázvor, dokud lehce nezhnědnou. Přidejte krabí maso a opékejte 2 minuty. Přidejte víno nebo sherry, vývar, sójovou omáčku, cukr a ocet a dochuťte pepřem. Smažte 3 minuty. Kukuřičný škrob smícháme s trochou vody a vmícháme do omáčky. Za stálého míchání dusíme, dokud omáčka nezhoustne. Mezitím rozehřejte zbývající olej na samostatné pánvi a krevety na něm chvíli restujte

minut, dokud se nezahřeje. Krevetovou směs naaranžujte na předehřátý servírovací talíř a navrch dejte krevety.

Krevety s okurkou

za 4

225 g loupaných krevet
Sůl a čerstvě mletý pepř
15 ml/1 polévková lžíce kukuřičného škrobu (kukuřičný škrob)
1 okurka
45 ml/3 lžíce arašídového oleje (arašídový olej)
2 stroužky česneku, rozdrcené
1 cibule, nakrájená nadrobno
15 ml/1 polévková lžíce rýžového vína nebo suchého sherry
2 plátky kořene zázvoru, nakrájené

Krevety osolte, opepřete a smíchejte s kukuřičným škrobem. Okurku oloupeme a zbavíme semínek a nakrájíme na silnější plátky. Rozehřejte polovinu oleje a orestujte česnek a cibuli, dokud lehce nezhnědnou. Přidejte krevety a sherry a za stálého míchání smažte 2 minuty, poté vyjměte ingredience z pánve. Zbylý olej rozehřejte a zázvor 1 minutu restujte. Přidejte okurku a restujte 2 minuty. Vraťte krevetovou směs do pánve a dobře opečte, dokud se dobře nepromíchá a nezahřeje.

Krevetové kari

za 4

45 ml/3 lžíce arašídového oleje (arašídový olej)
4 jarní cibulky (jarní cibulky), nakrájené na plátky
30 ml/2 polévkové lžíce kari
2,5 ml/¬Ω lžičky soli
120 ml/4 fl oz/¬Ω šálek kuřecího vývaru
450 g loupaných krevet

Rozpálíme olej a 30 sekund na něm orestujeme jarní cibulku. Přidejte kari a sůl a za stálého míchání smažte 1 minutu. Přilijeme vývar, přivedeme k varu a za stálého míchání vaříme 2 minuty. Přidejte krevety a mírně prohřejte.

Krevety houbové kari

za 4

5 ml/1 lžička sójové omáčky
5 ml/1 lžička rýžového vína nebo suchého sherry
225 g loupaných krevet
30 ml/2 lžíce arašídového oleje (arašídový olej)
2 stroužky česneku, rozdrcené
1 plátek kořene zázvoru, jemně nasekaný
1 cibule, nakrájená na měsíčky
100 gramů hub
100 g čerstvého nebo mraženého hrášku
15 ml/1 polévková lžíce kari
15 ml/1 polévková lžíce kukuřičného škrobu (kukuřičný škrob)
150 ml/¬° pt/velký ¬Ω šálek kuřecího vývaru

Smíchejte sójovou omáčku, víno nebo sherry a krevety. Rozehřejte olej s česnekem a zázvorem a orestujte, dokud lehce nezhnědnou. Přidejte cibuli, houby a hrášek a restujte 2 minuty. Přidejte kari a kukuřičný škrob a za stálého míchání smažte 2 minuty. Postupně vmícháme vývar, přivedeme k varu, přikryjeme a za občasného promíchání vaříme 5 minut. Přidejte krevety a marinádu, přikryjte a vařte 2 minuty.

Smažená kreveta

za 4

450 g loupaných krevet
30 ml/2 lžíce rýžového vína nebo suchého sherry
5 ml/1 lžička soli
olej na smažení
sójová omáčka

Přidejte krevety do vína nebo sherry a posypte solí. Nechte 15 minut uležet, poté sceďte a osušte. Rozehřejte olej a smažte krevety několik sekund do křupava. Podáváme posypané sójovou omáčkou.

Smažené krevety v těstíčku

za 4

50 g/2 oz/¬Ω šálek čisté (univerzální) mouky

2,5 ml/¬Ω lžičky soli

1 vejce, lehce rozšlehané

30 ml/2 lžíce vody

450 g loupaných krevet

olej na smažení

Mouku, sůl, vejce a vodu vyšleháme do těsta, v případě potřeby přidáme ještě trochu vody. Smíchejte s krevetami, dokud nejsou dobře potažené. Rozehřejte olej a smažte krevety několik minut, dokud nejsou křupavé a zlatavě hnědé.

Krevetové knedlíky s rajčatovou omáčkou

za 4

900 g loupaných krevet
450 g nasekané (mleté) tresky
4 vejce, rozšlehaná
50 g/2 oz/¬Ω šálek kukuřičného škrobu (kukuřičný škrob)
2 stroužky česneku, rozdrcené
30 ml/2 lžíce sójové omáčky
15 ml/1 lžička cukru
15 ml/1 polévková lžíce arašídového oleje (arašídový olej)

Na omáčku:

30 ml/2 lžíce arašídového oleje (arašídový olej)
100 g zelené cibule (zelené cibule), nakrájené
100 g žampionů, nakrájených
100 g šunky, nakrájené
2 tyčinky celeru, nakrájené
200 g rajčat, oloupaných a nakrájených
300 ml/¬Ω pt/1¬° šálků vody
Sůl a čerstvě mletý pepř
15 ml/1 polévková lžíce kukuřičného škrobu (kukuřičný škrob)

Krevety nakrájíme nadrobno a smícháme s treskou. Vmícháme vejce, kukuřičný škrob, česnek, sójovou omáčku, cukr a olej. Velký hrnec s vodou přiveďte k varu a přidejte do hrnce lžíci směsi. Znovu přiveďte k varu a pár minut vařte, dokud knedlíky nevyplavou na povrch. Dobře sceďte. Na omáčku rozehřejte olej a orestujte jarní cibulku do měkka, ale ne dohněda. Přidejte houby a opékejte 1 minutu, poté přidejte šunku, celer a rajčata a opékejte 1 minutu. Přidejte vodu, přiveďte k varu a dochuťte solí a pepřem. Přikryjeme a za občasného míchání dusíme 10 minut. Kukuřičný škrob smícháme s trochou vody a vmícháme do omáčky. Za stálého míchání několik minut vařte, dokud omáčka nevyteče a nezhoustne.

Krevety a vejce pohár

za 4

15 ml/1 polévková lžíce sezamového oleje
8 loupaných královských krevet
1 červená chilli papřička, nakrájená
2 jarní cibulky (cibulky), nakrájené
30 ml/2 lžíce nasekané mušle (volitelně)
8 vajec
15 ml/1 polévková lžíce sójové omáčky
Sůl a čerstvě mletý pepř
několik snítek plocholisté petržele

8 kastrolů vymažte sezamovým olejem. Přidejte krevety do každého jídla s trochou chilli, jarní cibulkou a mušlí, pokud používáte. Do každé misky rozklepněte vejce a dochuťte sójovou omáčkou, solí a pepřem. Položte ramekiny na plech a pečte v předehřáté troubě na 200°C/400°F/plyn Mark 6 po dobu cca 6. Opatrně přendejte na předehřátý servírovací talíř a ozdobte petrželkou.

Rolky z krevetových vajec

za 4

225 g fazolových klíčků
30 ml/2 lžíce arašídového oleje (arašídový olej)
4 tyčinky celeru, nakrájené
100 g žampionů, nakrájených
225 g oloupaných krevet, nakrájených
15 ml/1 polévková lžíce rýžového vína nebo suchého sherry
2,5 ml/¬Ω lžičky kukuřičného škrobu (kukuřičný škrob)
2,5 ml/¬Ω lžičky soli
2,5 ml/¬Ω lžičky cukru
12 kůží jarní závitky
1 vejce, rozšlehané
olej na smažení

Fazolové klíčky spařte 2 minuty ve vroucí vodě a poté sceďte. Rozpálíme olej a celer na něm 1 minutu restujeme. Přidejte houby a restujte 1 minutu. Přidejte krevety, víno nebo sherry, kukuřičný škrob, sůl a cukr a za stálého míchání opékejte 2 minuty. Necháme vychladnout.

Do středu každé kůže dejte trochu náplně a okraje potřete rozšlehaným vejcem. Okraje přehneme a srolujeme od sebe a okraje zalepíme vajíčkem. Rozpálíme olej a smažíme do zlatohněda.

Krevety na způsob Dálného východu

za 4

16,20 loupaných královských krevet
šťáva z 1 citronu
120 ml/4 fl oz/¬Ω šálek suchého bílého vína
30 ml/2 lžíce sójové omáčky
30 ml/2 lžíce medu
15 ml/1 polévková lžíce strouhané citronové kůry
sůl a pepř
45 ml/3 lžíce arašídového oleje (arašídový olej)
1 stroužek česneku, nasekaný
6 jarních cibulek (jarních cibulek), nakrájených na proužky
2 mrkve, nakrájené na proužky
5 ml/1 lžička prášku z pěti koření
5 ml/1 lžička kukuřičného škrobu (kukuřičný škrob)

Smíchejte krevety s citronovou šťávou, vínem, sójovou omáčkou, medem a citronovou kůrou a dochuťte solí a pepřem. Zakryjte a marinujte 1 hodinu. Rozehřejte olej a orestujte česnek, dokud lehce nezhnědne. Přidejte zeleninu a za stálého míchání opékejte, dokud nebude měkká, ale stále křupavá. Krevety sceďte, přidejte do pánve a opékejte 2 minuty. Zátěž marinádu a smíchejte ji s práškem z pěti koření a kukuřičným škrobem. Nalijte do woku, dobře promíchejte a přiveďte k varu.

Krevety Foo Yung

za 4

6 vajec, rozšlehaných
45 ml/3 lžíce kukuřičného škrobu (kukuřičný škrob)
225 g loupaných krevet
100 g žampionů, nakrájených na plátky
5 ml/1 lžička soli
2 jarní cibulky (cibulky), nakrájené
45 ml/3 lžíce arašídového oleje (arašídový olej)

Rozklepněte vejce a poté zašlehejte kukuřičný škrob. Přidejte všechny zbývající ingredience kromě oleje. Rozehřejte olej a směs postupně nalévejte na pánev, abyste vytvořili placky o průměru asi 7,5 cm. Smažíme, dokud není spodek zlatavě hnědý, poté otočte a opékejte druhou stranu.

Krevetové hranolky

za 4

12 velkých nevařených krevet
1 vejce, rozšlehané
30 ml/2 lžíce kukuřičného škrobu (kukuřičný škrob)
špetka soli
špetka pepře
3 krajíce chleba
1 natvrdo uvařený (uvařený) žloutek, nakrájený
25 g vařené šunky, nakrájené
1 jarní cibulka (cibulka), nakrájená
olej na smažení

Odstraňte skořápky a zadní žíly z krevet, ocasy ponechte nedotčené. Nařízněte zadní část krevety ostrým nožem a mírně zploštěte. Vyšleháme vejce, kukuřičný škrob, sůl a pepř. Vhoďte krevety do směsi, dokud nejsou zcela zakryté. Odstraňte kůrky z chleba a čtvrt. Na každý kousek položte krevety řeznou stranou dolů a zatlačte dolů. Každou krevetu potřete trochou vaječné směsi a posypte žloutkem, šunkou a jarní cibulkou. Rozehřejte olej a opečte kousky krevetového chleba po dávkách do zlatova. Necháme okapat na kuchyňském papíře a podáváme horké.

Smažené krevety v omáčce

za 4

75 g/3 oz/hromadný šálek kukuřičného škrobu (kukuřičný škrob)
¬Ω vejce, rozšlehané
5 ml/1 lžička rýžového vína nebo suchého sherry
Sůl-
450 g loupaných krevet
45 ml/3 lžíce arašídového oleje (arašídový olej)
5 ml/1 lžička sezamového oleje
1 stroužek česneku, rozdrcený
1 plátek kořene zázvoru, nasekaný
3 jarní cibulky (cibulky), nakrájené na plátky
15 ml/1 polévková lžíce rybího vývaru
5 ml/1 lžička vinného octa
5 ml/1 lžička cukru

Smíchejte kukuřičnou mouku, vejce, víno nebo sherry a špetku soli na těsto. Krevety ponořte do těsta, aby byly lehce obalené. Rozehřejte olej a opečte krevety zvenku do křupava. Vyjměte je z pánve a slijte olej. Na pánvi rozehřejte krevety, česnek, zázvor a sezamový olej

Jarní cibulku a opékejte 3 minuty. Vmíchejte vývar, vinný ocet a cukr, dobře promíchejte a před podáváním prohřejte.

Pošírované krevety se šunkou a tofu

za 4

30 ml/2 lžíce arašídového oleje (arašídový olej)
225 g tofu, nakrájeného na kostičky
600 ml/1 pt/2Ω šálky kuřecího vývaru
100 g uzené šunky, nakrájené na kostičky
225 g loupaných krevet

Rozehřejte olej a orestujte tofu, dokud lehce nezhnědne. Vyjměte z pánve a nechte okapat. Zahřejte vývar, přidejte tofu a šunku a vařte doměkka asi 10 minut, dokud se tofu neuvaří. Přidejte krevety a vařte dalších 5 minut, dokud se neprohřejí. Podávejte v hlubokých miskách.

Pikantní dušené vepřové maso

za 4

450 g vepřového masa, nakrájeného na kostičky
sůl a pepř
30 ml/2 lžíce sójové omáčky
30 ml/2 polévkové lžíce hoisin omáčky
45 ml/3 lžíce arašídového oleje (arašídový olej)
120 ml/4 fl oz/½ šálku rýžového vína nebo suchého sherry
300 ml/½ pt/1¼ šálku kuřecího vývaru
5 ml/1 lžička prášku z pěti koření
6 jarních cibulek (cibulky), nakrájených
225 g hlívy ústřičné, nakrájené na plátky
15 ml/1 polévková lžíce kukuřičného škrobu (kukuřičný škrob)

Maso dochutíme solí a pepřem. Dejte do misky a smíchejte se sójovou omáčkou a omáčkou hoisin. Přikryjeme a necháme 1 hodinu marinovat. Rozehřejte olej a za stálého míchání maso opečte do zlatova. Přidejte víno nebo sherry, vývar a prášek z pěti koření, přiveďte k varu, přikryjte a vařte 1 hodinu. Přidejte jarní cibulku a houby, sejměte poklici a vařte další 4 minuty. Kukuřičnou mouku smícháme s trochou vody, znovu přivedeme k varu a za stálého míchání vaříme 3 minuty, dokud omáčka nezhoustne.

Dušené vepřové buchty

síla 12

30 ml/2 polévkové lžíce hoisin omáčky
15 ml/1 polévková lžíce ústřicové omáčky
15 ml/1 polévková lžíce sójové omáčky
2,5 ml/½ lžičky sezamového oleje
30 ml/2 lžíce arašídového oleje (arašídový olej)
10 ml/2 lžičky strouhaného kořene zázvoru
1 stroužek česneku, rozdrcený
300 ml/½ pt/1 ¼ šálku vody
15 ml/1 polévková lžíce kukuřičného škrobu (kukuřičný škrob)
225 g vařeného vepřového masa, nakrájeného nadrobno
4 jarní cibulky (cibulky), nakrájené nadrobno
350 g / 12 oz / 3 šálky čisté (univerzální) mouky
15 ml/1 lžička jedlé sody
2,5 ml/½ lžičky soli
50 g / 2 unce / ½ šálku sádla
5 ml/1 lžička vinného octa
12 x 13 cm / 5 čtverečků z pergamenového papíru

Smíchejte hoisin, ústřicovou a sójovou omáčku a sezamový olej. Rozehřejte olej a orestujte zázvor a česnek, dokud lehce nezhnědnou. Přidejte omáčkovou směs a smažte 2 minuty.

Smíchejte 120 ml/4 fl oz/½ šálku vody s kukuřičným škrobem a vmíchejte do pánve. Za stálého míchání přiveďte k varu a poté vařte, dokud směs nezhoustne. Vmícháme vepřové maso a cibuli a necháme vychladnout.

Smícháme mouku, prášek do pečiva a sůl. Vetřete sádlo, dokud směs nepřipomíná jemnou strouhanku. Smíchejte vinný ocet a zbylou vodu a smíchejte s moukou, aby vzniklo tuhé těsto. Na pomoučené pracovní ploše lehce prohněteme, poté přikryjeme a necháme 20 minut odpočívat.

Těsto znovu prohněteme, rozdělíme na 12 dílů a z každého vytvarujeme kouli. Na pomoučené pracovní ploše vyválejte do kruhu na 15 cm. Do středu každého kolečka položte lžíci náplně, okraje potřete vodou a okraje sevřete, aby se náplň uzavřela. Potřete jednu stranu každého čtverce pergamenového papíru olejem. Každý bochánek položte švem dolů na čtverec papíru. Housky položte v jedné vrstvě na parní mřížku nad vroucí vodou. Buchty přikryjte a nechte v páře, dokud nebudou hotové, asi 20 minut.

Vepřové maso se zelím

za 4

6 sušených čínských hub

30 ml/2 lžíce arašídového oleje (arašídový olej)

450 g vepřového masa, nakrájeného na nudličky

2 cibule, nakrájené na plátky

2 červené papriky, nakrájené na proužky

350 g bílého zelí, nakrájeného

2 stroužky česneku, nakrájené

2 kusy stonku zázvoru, nakrájené

30 ml/2 lžíce medu

45 ml/3 lžíce sójové omáčky

120 ml/4 fl oz/½ šálku suchého bílého vína

sůl a pepř

10 ml/2 lžičky kukuřičného škrobu (kukuřičný škrob)

15 ml/1 polévková lžíce vody

Houby namočte na 30 minut do teplé vody a poté slijte. Vyhoďte stonky a nakrájejte klobouky. Rozehřejte olej a orestujte vepřové maso, dokud lehce nezhnědne. Přidejte zeleninu, česnek a zázvor a za stálého míchání opékejte 1 minutu. Přidejte med, sójovou omáčku a víno, přiveďte k varu, přikryjte a vařte 40 minut, dokud maso nezměkne. Dochuťte solí a pepřem. Smíchejte kukuřičný škrob a vodu a vmíchejte do pánve. Za stálého míchání krátce přivedeme k varu a poté 1 minutu povaříme.

Vepřové maso se zelím a rajčaty

za 4

30 ml/2 lžíce arašídového oleje (arašídový olej)
450 g libového vepřového masa, nakrájeného na nudličky
Sůl a čerstvě mletý pepř
1 stroužek česneku, rozdrcený
1 cibule, nakrájená nadrobno
½ zelí, nakrájené
450 g rajčat, oloupaných a nakrájených na čtvrtky
250 ml / 8 fl oz / 1 šálek vývaru
30 ml/2 lžíce kukuřičného škrobu (kukuřičný škrob)
15 ml/1 polévková lžíce sójové omáčky
60 ml/4 polévkové lžíce vody

Rozehřejte olej a lehce opečte vepřové maso, sůl, pepř, česnek a cibuli. Přidejte zelí, rajčata a vývar, přiveďte k varu, přikryjte a vařte 10 minut, dokud zelí nezměkne. Kukuřičný škrob, sojovou omáčku a vodu rozmixujte na pastu, vmíchejte do pánve a za stálého míchání vařte, dokud omáčka nebude čirá a hustá.

Marinované vepřové maso se zelím

za 4

350 g vepřového bůčku

2 jarní cibulky (cibulky), nakrájené

1 plátek kořene zázvoru, nasekaný

1 tyčinka skořice

3 hřebíčky badyánu

45 ml/3 lžíce hnědého cukru

600 ml/1 pt/2½ šálku vody

15 ml/1 polévková lžíce arašídového oleje (arašídový olej)

15 ml/1 polévková lžíce sójové omáčky

5 ml/1 lžička rajčatového protlaku (pasta)

5 ml/1 lžička ústřicové omáčky

100 g srdíček z čínského zelí

100 g pak choi

Vepřové maso nakrájíme na 10 cm kousky a dáme do mísy. Přidejte jarní cibulku, zázvor, skořici, badyán, cukr a vodu a nechte 40 minut odstát. Rozehřejte olej, vyndejte vepřové maso z marinády a přidejte do pánve. Smažte, dokud lehce nezhnědne, poté přidejte sójovou omáčku, rajčatový protlak a ústřicovou omáčku. Přiveďte k varu a vařte, dokud nebude vepřové maso měkké a zredukované, asi 30 minut. V případě potřeby podléváme během vaření ještě trochu vody.

Mezitím spařte zelí srdce a pak choi ve vroucí vodě do měkka, asi 10 minut. Naložíme na nahřátý talíř, poklademe vepřovým masem a přelijeme omáčkou.

Vepřové maso s celerem

za 4

45 ml/3 lžíce arašídového oleje (arašídový olej)
1 stroužek česneku, rozdrcený
1 jarní cibulka (cibulka), nakrájená
1 plátek kořene zázvoru, nasekaný
225 g libového vepřového masa, nakrájeného na nudličky
100 g celeru, nakrájeného na tenké plátky
45 ml/3 lžíce sójové omáčky
15 ml/1 polévková lžíce rýžového vína nebo suchého sherry
5 ml/1 lžička kukuřičného škrobu (kukuřičný škrob)

Rozehřejte olej a orestujte česnek, jarní cibulku a zázvor, dokud lehce nezhnědnou. Přidejte vepřové maso a restujte 10 minut do zlatova. Přidejte celer a restujte 3 minuty. Přidejte zbývající ingredience a za stálého míchání smažte 3 minuty.

Vepřové maso s kaštany a houbami

za 4

4 sušené čínské houby
100 g / 4 unce / 1 šálek kaštanů
30 ml/2 lžíce arašídového oleje (arašídový olej)
2,5 ml/½ lžičky soli
450 g libového vepřového masa, nakrájeného na kostičky
15 ml/1 polévková lžíce sójové omáčky
375 ml / 13 fl oz / 1½ šálku kuřecího vývaru
100 g vodních kaštanů, nakrájených na plátky

Houby namočte na 30 minut do teplé vody a poté slijte. Stonky vyhoďte a klobouky rozkrojte napůl. Kaštany spařte 1 minutu ve vroucí vodě a poté sceďte. Rozehřejte olej a sůl a orestujte vepřové maso, dokud lehce nezhnědne. Přidejte sójovou omáčku a za stálého míchání smažte 1 minutu. Přilijeme vývar a přivedeme k varu. Přidejte kaštany a vodní kaštany, znovu přiveďte k varu, přikryjte a vařte asi 1½ hodiny, dokud maso nezměkne.

Vepřová kotleta suey

za 4

100 g bambusových výhonků nakrájených na proužky
100 g vodních kaštanů, nakrájených na tenké plátky
60 ml/4 lžíce arašídového oleje (arašídový olej)
3 jarní cibulky (cibulky), nakrájené
2 stroužky česneku, rozdrcené
1 plátek kořene zázvoru, nasekaný
225 g libového vepřového masa, nakrájeného na nudličky
45 ml/3 lžíce sójové omáčky
15 ml/1 polévková lžíce rýžového vína nebo suchého sherry
5 ml/1 lžička soli
5 ml/1 lžička cukru
čerstvě mletý pepř
15 ml/1 polévková lžíce kukuřičného škrobu (kukuřičný škrob)

Bambusové výhonky a vodní kaštany spařte 2 minuty ve vroucí vodě, poté sceďte a osušte. Rozehřejte 45 ml/3 lžíce oleje a zlehka osmahněte jarní cibulku, česnek a zázvor. Přidejte vepřové maso a restujte 4 minuty. Vyjměte z pánve.

Zbylý olej rozehřejte a zeleninu 3 minuty opékejte. Přidejte vepřové maso, sójovou omáčku, víno nebo sherry, sůl, cukr a špetku pepře a za stálého míchání opékejte 4 minuty. Kukuřičnou mouku smícháme s trochou vody, vmícháme do pánve a za stálého míchání dusíme, dokud není omáčka čirá a hustá.

Vepřové maso Mein

za 4

4 sušené čínské houby
30 ml/2 lžíce arašídového oleje (arašídový olej)
2,5 ml/½ lžičky soli
4 jarní cibulky (nakrájená cibulka).
225 g libového vepřového masa, nakrájeného na nudličky
15 ml/1 polévková lžíce sójové omáčky
5 ml/1 lžička cukru
3 tyčinky celeru, nakrájené
1 cibule, nakrájená na měsíčky
100 g žampionů, rozpůlených
120 ml / 4 fl oz / ½ šálku kuřecího vývaru
měkké smažené nudle

Houby namočte na 30 minut do teplé vody a poté slijte. Vyhoďte stonky a nakrájejte klobouky. Rozehřejte olej a sůl a orestujte jarní cibulku do měkka. Přidejte vepřové maso a zlehka opékejte, dokud lehce nezhnědne. Smíchejte sójovou omáčku, cukr, celer, cibuli a čerstvé a sušené houby a za stálého míchání smažte, dokud se dobře nespojí, asi 4 minuty. Přilijeme vývar a 3 minuty dusíme. Přidejte polovinu nudlí do pánve a jemně promíchejte, poté přidejte zbývající nudle a míchejte, dokud nejsou horké.

Pečené vepřové maso Mein

za 4

100 gramů fazolových klíčků
45 ml/3 lžíce arašídového oleje (arašídový olej)

100 g čínského zelí, nakrájeného
225 g vepřové pečeně, nakrájené na plátky
5 ml/1 lžička soli
15 ml/1 polévková lžíce rýžového vína nebo suchého sherry

Fazolové klíčky spařte 4 minuty ve vroucí vodě a poté sceďte. Rozehřejte olej a smažte fazolové klíčky a zelí, dokud nezměknou. Přidejte vepřové maso, sůl a sherry a restujte, dokud nebude horké. Do pánve přidejte polovinu scezených těstovin a jemně míchejte, dokud se nezahřejí. Přidejte zbývající těstoviny a míchejte, dokud se nezahřejí.

Vepřové maso s chutney

za 4

5 ml/1 lžička prášku z pěti koření
5 ml/1 lžička kari
450 g vepřového masa, nakrájeného na nudličky
30 ml/2 lžíce arašídového oleje (arašídový olej)

6 jarních cibulek (jarních cibulek), nakrájených na proužky
1 tyčinka celeru, nakrájená na proužky
100 gramů fazolových klíčků
1 x 200 g sklenice čínských sladkých okurek, nakrájených na kostičky
45 ml/3 lžíce mangového chutney
30 ml/2 lžíce sójové omáčky
30 ml/2 lžíce rajčatového protlaku (pasta)
150 ml / ¼ pt / velkorysého ½ šálku kuřecího vývaru
10 ml/2 lžičky kukuřičného škrobu (kukuřičný škrob)

Koření dobře vetřeme do vepřového masa. Zahřejte olej a maso na něm opékejte 8 minut nebo dokud nebude propečené. Vyjměte z pánve. Přidejte zeleninu do pánve a opékejte 5 minut. Vraťte vepřové maso do pánve se všemi zbývajícími přísadami kromě kukuřičného škrobu. Míchejte, dokud se nezahřeje. Kukuřičnou mouku smícháme s trochou vody, vmícháme do pánve a za stálého míchání dusíme, dokud omáčka nezhoustne.

Vepřové maso s okurkou

za 4

225 g libového vepřového masa, nakrájeného na nudličky
30 ml/2 polévkové lžíce čisté (univerzální) mouky
Sůl a čerstvě mletý pepř
60 ml/4 lžíce arašídového oleje (arašídový olej)
225 g okurky, oloupané a nakrájené na plátky
30 ml/2 lžíce sójové omáčky

Vepřové maso obalíme v mouce a ochutíme solí a pepřem.
Rozehřejte olej a opékejte vepřové maso do měkka, asi 5 minut.
Přidejte okurku a sójovou omáčku a opékejte další 4 minuty.
Zkontrolujte a upravte koření a podávejte s smaženou rýží.

Křupavé vepřové balíčky

za 4

4 sušené čínské houby
30 ml/2 lžíce arašídového oleje (arašídový olej)
225 g vepřového řízku, nakrájeného (mletého)
50 g loupaných krevet, nakrájených
15 ml/1 polévková lžíce sójové omáčky
15 ml/1 polévková lžíce kukuřičného škrobu (kukuřičný škrob)
30 ml/2 lžíce vody
8 obalů na jarní závitky
100 g / 4 unce / 1 šálek kukuřičného škrobu (kukuřičný škrob)
olej na smažení

Houby namočte na 30 minut do teplé vody a poté slijte. Stonky vyhoďte a kloboučky nasekejte nadrobno. Rozehřejte olej a 2 minuty opékejte houby, vepřové maso, krevety a sójovou omáčku. Smíchejte kukuřičnou mouku a vodu na pastu a vmíchejte do směsi, abyste vytvořili náplň.

Zábaly nakrájíme na proužky, na každý dáme trochu náplně a srolujeme do trojúhelníků, zapečeme trochou směsi mouky a vody. Bohatě popráším kukuřičným škrobem. Rozpálíme olej a smažíme trojúhelníky dokřupava a dozlatova. Před podáváním dobře sceďte.

Rohlíky z vepřových vajec

za 4

225 g libového vepřového masa, nakrájeného
1 plátek kořene zázvoru, nasekaný
1 jarní cibulka, nakrájená
15 ml/1 polévková lžíce sójové omáčky
15 ml/1 polévková lžíce vody
12 kůží jarní závitky
1 vejce, rozšlehané
olej na smažení

Smíchejte vepřové maso, zázvor, cibuli, sójovou omáčku a vodu. Do středu každé kůže dejte trochu náplně a okraje potřete rozšlehaným vejcem. Přiklopte boky a rolku srolujte od sebe a okraje zalepte vajíčkem. Duste na roštu v páře 30 minut, dokud vepřové maso nezměkne. Rozehřejte olej a pár minut smažte, dokud nebude křupavý a zlatavý.

Vaječné závitky s vepřovým masem a krevetami

za 4

30 ml/2 lžíce arašídového oleje (arašídový olej)
225 g libového vepřového masa, nakrájeného
6 jarních cibulek (cibulky), nakrájených
225 g fazolových klíčků
100 g oloupaných krevet, nakrájených
15 ml/1 polévková lžíce sójové omáčky
2,5 ml/½ lžičky soli
12 kůží jarní závitky
1 vejce, rozšlehané
olej na smažení

Rozehřejte olej a orestujte vepřové maso a jarní cibulku, dokud lehce nezhnědnou. Mezitím blanšírujte fazolové klíčky ve vroucí vodě po dobu 2 minut, poté slijte. Do pánve přidejte fazolové klíčky a smažte 1 minutu. Přidejte krevety, sójovou omáčku a sůl a restujte 2 minuty. Necháme vychladnout.

Do středu každé kůže dejte trochu náplně a okraje potřete rozšlehaným vejcem. Přiklopte boky, srolujte jarní závitky a okraje zalepte vajíčkem. Rozpálíme olej a opečeme jarní závitky dokřupava a dozlatova.

Dušené vepřové maso s vejci

za 4

450 g libového vepřového masa
30 ml/2 lžíce arašídového oleje (arašídový olej)
1 cibule, nakrájená
90 ml/6 lžic sójové omáčky
45 ml/3 lžíce rýžového vína nebo suchého sherry
15 ml/1 polévková lžíce hnědého cukru
3 vejce natvrdo (uvařená natvrdo).

Přiveďte k varu hrnec s vodou, přidejte vepřové maso, přiveďte zpět k varu a vařte, dokud nebude uzavřen. Vyjmeme z pánve, necháme okapat a poté nakrájíme na kostičky. Rozpálíme olej a orestujeme cibuli do měkka. Přidejte vepřové maso a zlehka opékejte, dokud lehce nezhnědne. Vmícháme sójovou omáčku, víno nebo sherry a cukr, přikryjeme a za občasného míchání dusíme 30 minut. Vejce zlehka narýhujte, přidejte do pánve, přikryjte a vařte dalších 30 minut.

Ohnivý vepřový

za 4

450 g vepřového řízku nakrájeného na nudličky
30 ml/2 lžíce sójové omáčky
30 ml/2 polévkové lžíce hoisin omáčky
5 ml/1 lžička prášku z pěti koření
15 ml/1 lžička pepře
15 ml/1 polévková lžíce hnědého cukru
15 ml/1 polévková lžíce sezamového oleje
30 ml/2 lžíce arašídového oleje (arašídový olej)
6 jarních cibulek (cibulky), nakrájených
1 zelená paprika, nakrájená na kousky
200 g fazolových klíčků
2 plátky ananasu, nakrájené na kostičky
45 ml/3 lžíce rajčatového kečupu (katsup)
150 ml / ¼ pt / velkorysého ½ šálku kuřecího vývaru

Vložte maso do mísy. Smíchejte sójovou omáčku, omáčku hoisin, prášek z pěti koření, pepř a cukr, nalijte na maso a nechte 1 hodinu marinovat. Rozehřejte oleje a za stálého míchání opečte maso do zlatova. Vyjměte z pánve. Přidejte zeleninu a opékejte 2 minuty. Přidejte ananas, rajčatový kečup a vývar a přiveďte k varu. Vraťte maso do pánve a před podáváním prohřejte.

Smažená vepřová panenka

za 4

350 g vepřového filé, nakrájeného na kostičky
15 ml/1 polévková lžíce rýžového vína nebo suchého sherry
15 ml/1 polévková lžíce sójové omáčky
5 ml/1 lžička sezamového oleje
30 ml/2 lžíce kukuřičného škrobu (kukuřičný škrob)
olej na smažení

Smíchejte vepřové maso, víno nebo sherry, sójovou omáčku, sezamový olej a kukuřičný škrob tak, aby se vepřové maso obalilo v husté těsto. Rozehřejte olej a opékejte vepřové maso asi 3 minuty dokřupava. Vyjměte vepřové maso z pánve, rozehřejte olej a opékejte další 3 minuty.

Pět koření vepřové

za 4

225 g libového vepřového masa
5 ml/1 lžička kukuřičného škrobu (kukuřičný škrob)

2,5 ml/½ lžičky prášku z pěti koření

2,5 ml/½ lžičky soli

15 ml/1 polévková lžíce rýžového vína nebo suchého sherry

20 ml/2 lžíce arašídového oleje (arašídový olej)

120 ml / 4 fl oz / ½ šálku kuřecího vývaru

Vepřové maso nakrájíme na tenké plátky proti srsti. Hoďte vepřové maso s kukuřičným škrobem, práškem z pěti koření, solí a vínem nebo sherry a dobře promíchejte, aby se vepřové obalilo. Za občasného míchání nechte 30 minut odstát. Rozehřejte olej, přidejte vepřové maso a opékejte asi 3 minuty. Přilijeme vývar, přivedeme k varu, přikryjeme a dusíme 3 minuty. Ihned podávejte.

Dušené voňavé vepřové maso

Podává 6-8

1 kus mandarinkové kůry

45 ml/3 lžíce arašídového oleje (arašídový olej)

900 g libového vepřového masa, nakrájeného na kostičky
250 ml/8 fl oz/1 šálek rýžového vína nebo suchého sherry
120 ml/4 fl oz/½ šálku sójové omáčky
2,5 ml/½ lžičky anýzového prášku
½ tyčinky skořice
4 hřebíčky
5 ml/1 lžička soli
250 ml / 8 fl oz / 1 šálek vody
2 jarní cibulky (cibulky), nakrájené na plátky
1 plátek kořene zázvoru, nasekaný

Při přípravě pokrmu namočte mandarinkovou kůru do vody. Rozehřejte olej a orestujte vepřové maso, dokud lehce nezhnědne. Přidejte víno nebo sherry, sójovou omáčku, anýzový prášek, skořici, hřebíček, sůl a vodu. Přiveďte k varu, přidejte mandarinkovou kůru, jarní cibulku a zázvor. Přikryjte a vařte do měkka, asi 1½ hodiny, občas promíchejte a podle potřeby přidejte trochu vroucí vody. Před podáváním vyjměte koření.

Vepřové maso s nasekaným česnekem

za 4

450 g vepřového bůčku bez kůže
3 plátky kořene zázvoru
2 jarní cibulky (cibulky), nakrájené
30 ml/2 lžíce mletého česneku
30 ml/2 lžíce sójové omáčky
5 ml/1 lžička soli
15 ml/1 polévková lžíce kuřecího vývaru
2,5 ml/½ lžičky chilli oleje
4 snítky koriandru

Vepřové maso dejte na pánev se zázvorem a jarní cibulkou, podlijte vodou, přiveďte k varu a vařte 30 minut do měkka. Vyjměte a nechte okapat, poté nakrájejte na tenké plátky o velikosti asi 5 cm². Plátky rozložte do kovového cedníku. Přiveďte k varu hrnec s vodou, přidejte vepřové plátky a vařte do horkého 3 minuty. Uspořádejte na předehřátý servírovací talíř. Smíchejte česnek, sójovou omáčku, sůl, vývar a chilli olej a lžící nalijte na vepřové maso. Podávejte ozdobené koriandrem.

Smažené vepřové se zázvorem

za 4

225 g libového vepřového masa
5 ml/1 lžička kukuřičného škrobu (kukuřičný škrob)
30 ml/2 lžíce sójové omáčky
30 ml/2 lžíce arašídového oleje (arašídový olej)
1 plátek kořene zázvoru, nasekaný
1 jarní cibulka (cibulka ve slupce), nakrájená na plátky
45 ml/3 polévkové lžíce vody
5 ml/1 lžička hnědého cukru

Vepřové maso nakrájíme na tenké plátky proti srsti. Vmíchejte kukuřičnou mouku, poté posypte sójovou omáčkou a znovu promíchejte. Rozehřejte olej a vepřové maso opékejte 2 minuty, dokud nebude uzavřeno. Přidejte zázvor a jarní cibulku a restujte 1 minutu. Přidejte vodu a cukr, přikryjte a vařte, dokud se neuvaří, asi 5 minut.

Vepřové maso se zelenými fazolkami

za 4

450 g zelených fazolek, nakrájených na kousky
30 ml/2 lžíce arašídového oleje (arašídový olej)
2,5 ml/½ lžičky soli
1 plátek kořene zázvoru, nasekaný
225 g libového vepřového masa, nakrájeného (mletého)
120 ml / 4 fl oz / ½ šálku kuřecího vývaru
75 ml/5 lžic vody
2 vejce
15 ml/1 polévková lžíce kukuřičného škrobu (kukuřičný škrob)

Fazole vařte asi 2 minuty, poté slijte. Rozehřejte olej a několik sekund smažte sůl a zázvor. Přidejte vepřové maso a zlehka opékejte, dokud lehce nezhnědne. Přidejte fazole a opékejte 30 sekund, potírejte olejem. Vmícháme vývar, přivedeme k varu, přikryjeme a 2 minuty dusíme. Rozšlehejte 30 ml/2 lžíce vody s vejci a vmíchejte do pánve. Zbylou vodu smíchejte s kukuřičným škrobem. Když vejce začnou tuhnout, vmíchejte kukuřičný škrob a vařte, dokud směs nezhoustne. Ihned podávejte.

Vepřové maso se šunkou a tofu

za 4

4 sušené čínské houby

5 ml/1 lžička arašídového oleje (arašídový olej)
100 g uzené šunky, nakrájené na plátky
225 g tofu, nakrájeného na plátky
225 g libového vepřového masa, nakrájeného na plátky
15 ml/1 polévková lžíce rýžového vína nebo suchého sherry
Sůl a čerstvě mletý pepř
1 plátek kořene zázvoru, nasekaný
1 jarní cibulka (cibulka), nakrájená
10 ml/2 lžičky kukuřičného škrobu (kukuřičný škrob)
30 ml/2 lžíce vody

Houby namočte na 30 minut do teplé vody a poté slijte. Stonky vyhoďte a klobouky rozkrojte napůl. Potřete žáruvzdornou misku arašídovým (arašídovým) olejem. Houby, šunku, tofu a vepřové maso naaranžujte ve vrstvách do nádoby s vepřovým masem nahoře. Zakápneme vínem nebo sherry, solí a pepřem, zázvorem a jarní cibulkou. Přikryjte a vařte na mřížce nad vroucí vodou, dokud se neprovaří, asi 45 minut. Sceďte omáčku z mísy, aniž byste narušili ingredience. Přidejte tolik vody, abyste získali 250 ml/8 fl oz/1 šálek. Smíchejte kukuřičný škrob a vodu a vmíchejte do omáčky. Přidejte do mísy a za stálého míchání vařte, dokud se omáčka nevyjasní a nezhoustne.

Smažené vepřové kebaby

za 4

450 g vepřové panenky, nakrájené na tenké plátky
100 g vařené šunky, nakrájené na tenké plátky
6 vodních kaštanů, nakrájených na tenké plátky
30 ml/2 lžíce sójové omáčky
30 ml/2 lžíce vinného octa

15 ml/1 polévková lžíce hnědého cukru
15 ml/1 polévková lžíce ústřicové omáčky
pár kapek chilli oleje
45 ml/3 lžíce kukuřičného škrobu (kukuřičný škrob)
30 ml/2 lžíce rýžového vína nebo suchého sherry
2 vejce, rozšlehaná
olej na smažení

Vepřové maso, šunku a vodní kaštany napichujte střídavě na malé špejle. Smíchejte sójovou omáčku, vinný ocet, cukr, ústřicovou omáčku a chilli olej. Nalijte na kebab, přikryjte a nechte 3 hodiny marinovat v lednici. Smíchejte kukuřičný škrob, víno nebo sherry a vejce, abyste vytvořili hladké, husté těsto. Kebaby v těstíčku otočte, aby se obalily. Rozehřejte olej a kebab opečte do zlatova.

Dušené vepřové koleno v červené omáčce

za 4
1 velké vepřové koleno
1L/1½ bodu/4¼ šálku vroucí vody
5 ml/1 lžička soli
120 ml/4 fl oz/½ šálku vinného octa
120 ml/4 fl oz/½ šálku sójové omáčky
45 ml/3 lžíce medu

5 ml/1 lžička jalovcových plodů
5 ml/1 lžička anýzu
5 ml/1 lžička koriandru
60 ml/4 lžíce arašídového oleje (arašídový olej)
6 jarních cibulek (jarních cibulek), nakrájených na plátky
2 mrkve, nakrájené na tenké plátky
1 řapíkatý celer, nakrájený na plátky
45 ml/3 polévkové lžíce hoisin omáčky
30 ml/2 lžíce mangového chutney
75 ml/5 lžic rajčatového protlaku (pasta)
1 stroužek česneku, rozdrcený
60 ml/4 lžíce nasekané pažitky

Vepřové koleno uvaříme s vodou, solí, vinným octem, 45 ml/3 lžíce sójové omáčky, medem a kořením. Přidejte zeleninu, znovu přiveďte k varu, přikryjte a vařte asi 1½ hodiny, dokud maso nezměkne. Vyjměte maso a zeleninu z pánve, maso odřízněte od kosti a nakrájejte na kostičky. Rozpálíme olej a maso opečeme do zlatova. Přidejte zeleninu a restujte 5 minut. Přidejte zbývající sójovou omáčku, omáčku hoisin, chutney, rajčatový protlak a česnek. Za stálého míchání přiveďte k varu a poté 3 minuty povařte. Podáváme posypané pažitkou.

Marinované vepřové maso

za 4

450 g libového vepřového masa
1 plátek kořene zázvoru, nasekaný
1 stroužek česneku, rozdrcený
90 ml/6 lžic sójové omáčky
15 ml/1 polévková lžíce rýžového vína nebo suchého sherry
45 ml/3 lžíce arašídového oleje (arašídový olej)

1 jarní cibulka (cibulka ve slupce), nakrájená na plátky
15 ml/1 polévková lžíce hnědého cukru
čerstvě mletý pepř

Smíchejte vepřové maso se zázvorem, česnekem, 30 ml/2 lžíce sójové omáčky a vínem nebo sherry. Za občasného promíchání nechte 30 minut odpočinout, poté maso vyjměte z marinády. Rozehřejte olej a orestujte vepřové maso, dokud lehce nezhnědne. Přidáme jarní cibulku, cukr, zbývající sójovou omáčku a špetku pepře, přikryjeme a dusíme, dokud vepřové maso nezměkne, asi 45 minut. Vepřové maso nakrájíme na kostičky a poté podáváme.

Marinované vepřové kotlety

za 6

6 vepřových kotlet
1 plátek kořene zázvoru, nasekaný
1 stroužek česneku, rozdrcený
90 ml/6 lžic sójové omáčky
30 ml/2 lžíce rýžového vína nebo suchého sherry
45 ml/3 lžíce arašídového oleje (arašídový olej)

2 jarní cibulky (cibulky), nakrájené
15 ml/1 polévková lžíce hnědého cukru
čerstvě mletý pepř

Vepřové kotlety zbavíme kostí a maso nakrájíme na kostičky. Smíchejte zázvor, česnek, 30 ml/2 lžíce sójové omáčky a víno nebo sherry, nalijte na vepřové maso a za občasného míchání nechte 30 minut marinovat. Vyjměte maso z marinády. Rozehřejte olej a orestujte vepřové maso, dokud lehce nezhnědne. Přidejte jarní cibulku a restujte 1 minutu. Zbylou sójovou omáčku smíchejte s cukrem a špetkou pepře. Vmícháme do omáčky, přivedeme k varu, přikryjeme a dusíme, dokud vepřové maso nezměkne, asi 30 minut.

Vepřové maso s houbami

za 4
25 g sušených čínských hub
30 ml/2 lžíce arašídového oleje (arašídový olej)
1 stroužek česneku, nasekaný
225 g libového vepřového masa, nakrájeného na nudličky
4 jarní cibulky (nakrájená cibulka).
15 ml/1 polévková lžíce sójové omáčky
15 ml/1 polévková lžíce rýžového vína nebo suchého sherry
5 ml/1 lžička sezamového oleje

Houby namočte na 30 minut do teplé vody a poté slijte. Vyhoďte stonky a nakrájejte klobouky. Rozehřejte olej a orestujte česnek, dokud lehce nezhnědne. Přidejte vepřové maso a restujte dohněda. Vmícháme jarní cibulku, houby, sójovou omáčku a víno nebo sherry a 3 minuty restujeme. Vmícháme sezamový olej a ihned podáváme.

Dušený masový koláč

za 4

450 g mletého vepřového masa (
4 vodní kaštany, nasekané nadrobno
225 g žampionů nakrájených nadrobno
5 ml/1 lžička sójové omáčky
Sůl a čerstvě mletý pepř
1 vejce, lehce rozšlehané

Všechny ingredience dobře smícháme a na plechu vytvarujeme ze směsi plochý koláč. Talíř umístěte na mřížku do pařáku, přikryjte a vařte v páře 1½ hodiny.

Červené vařené vepřové maso s houbami

za 4

450 g libového vepřového masa, nakrájeného na kostičky
250 ml / 8 fl oz / 1 šálek vody
15 ml/1 polévková lžíce sójové omáčky
15 ml/1 polévková lžíce rýžového vína nebo suchého sherry
5 ml/1 lžička cukru
5 ml/1 lžička soli
225 gramů hub

Vložte vepřové maso a vodu do hrnce a přiveďte vodu k varu. Přikryjte a vařte 30 minut, poté sceďte a vývar si ponechte. Vraťte vepřové maso do pánve a přidejte sójovou omáčku. Vařte na mírném ohni za míchání, dokud se sójová omáčka nevstřebá. Vmíchejte víno nebo sherry, cukr a sůl. Zalijeme odloženým vývarem, přivedeme k varu, přikryjeme a dusíme asi 30 minut za občasného obracení masa. Přidejte houby a vařte dalších 20 minut.

Vepřové maso s nudlovými palačinkami

za 4

30 ml/2 lžíce arašídového oleje (arašídový olej)
5 ml/2 lžičky soli
225 g libového vepřového masa, nakrájeného na nudličky
225 g čínského zelí, nakrájeného
100 g nasekaných bambusových výhonků
100 g hub, nakrájených na tenké plátky
150 ml / ¼ pt / velkorysého ½ šálku kuřecího vývaru
10 ml/2 lžičky kukuřičného škrobu (kukuřičný škrob)
15 ml/1 polévková lžíce rýžového vína nebo suchého sherry
15 ml/1 polévková lžíce vody
nudlové palačinky

Rozehřejte olej a orestujte sůl a vepřové maso do lehkého zbarvení. Přidejte zelí, bambusové výhonky a houby a restujte 1 minutu. Přilijte vývar, přiveďte k varu, přikryjte a vařte 4 minuty nebo dokud vepřové maso nezměkne. Smíchejte kukuřičnou mouku s vínem nebo sherry a vodou, abyste vytvořili pastu, vmíchejte do pánve a za stálého míchání vařte, dokud nebude omáčka čirá a hustá. K podávání přelijte těstovinové palačinky.

Vepřové maso a krevety s nudlovými palačinkami

za 4
30 ml/2 lžíce arašídového oleje (arašídový olej)
5 ml/1 lžička soli
4 jarní cibulky (nakrájená cibulka).
1 stroužek česneku, rozdrcený
225 g libového vepřového masa, nakrájeného na nudličky
100 g žampionů, nakrájených na plátky
4 tyčinky celeru, nakrájené na plátky
225 g loupaných krevet
30 ml/2 lžíce sójové omáčky
10 ml/1 lžička kukuřičného škrobu (kukuřičný škrob)
45 ml/3 polévkové lžíce vody
nudlové palačinky

Rozpálíme olej a sůl a orestujeme jarní cibulku a česnek do měkka. Přidejte vepřové maso a zlehka opékejte, dokud lehce nezhnědne. Přidejte houby a celer a restujte 2 minuty. Přidejte krevety, pokapejte sójovou omáčkou a míchejte, dokud nejsou horké. Smíchejte kukuřičný škrob a vodu na pastu, vmíchejte do pánve a za stálého míchání vařte do horké. K podávání přelijte těstovinové palačinky.

Vepřové maso s ústřicovou omáčkou

Pro 4-6

450 g libového vepřového masa
15 ml/1 polévková lžíce kukuřičného škrobu (kukuřičný škrob)
10 ml/2 lžičky rýžového vína nebo suchého sherry
špetka cukru
45 ml/3 lžíce arašídového oleje (arašídový olej)
10 ml/2 lžičky vody
30 ml/2 lžíce ústřicové omáčky
čerstvě mletý pepř
1 plátek kořene zázvoru, nasekaný
60 ml/4 lžíce kuřecího vývaru

Vepřové maso nakrájíme na tenké plátky proti srsti. Smíchejte 5 ml / 1 lžičku kukuřičného škrobu s vínem nebo sherry, cukrem a 5 ml / 1 lžičkou oleje, přidejte k vepřovému masu a dobře promíchejte. Smíchejte zbývající kukuřičný škrob s vodou, ústřicovou omáčkou a špetkou pepře. Zbylý olej rozehřejte a zázvor 1 minutu restujte. Přidejte vepřové maso a zlehka opékejte, dokud lehce nezhnědne. Přidejte vývar a směs vody a ústřicové omáčky, přiveďte k varu, přikryjte a vařte 3 minuty.

Vepřové maso s arašídy

za 4

450 g libového vepřového masa, nakrájeného na kostičky
15 ml/1 polévková lžíce kukuřičného škrobu (kukuřičný škrob)
5 ml/1 lžička soli
1 vaječný bílek
3 jarní cibulky (cibulky), nakrájené
1 stroužek česneku, nasekaný
1 plátek kořene zázvoru, nasekaný
45 ml/3 lžíce kuřecího vývaru
15 ml/1 polévková lžíce rýžového vína nebo suchého sherry
15 ml/1 polévková lžíce sójové omáčky
10 ml/2 lžičky černého sirupu
45 ml/3 lžíce arašídového oleje (arašídový olej)
½ okurky, nakrájené na kostičky
25 g vyloupaných arašídů
5 ml/1 lžička chilli oleje

Vepřové maso promíchejte s polovinou kukuřičného škrobu, solí a bílkem a dobře promíchejte, aby se vepřové maso obalilo. Smíchejte zbývající kukuřičný škrob s jarní cibulkou, česnekem, zázvorem, vývarem, vínem nebo sherry, sójovou omáčkou a sirupem. Rozehřejte olej a orestujte vepřové maso, dokud lehce nezhnědne, poté vyjměte z pánve. Vložte okurku do pánve a smažte několik minut. Vraťte vepřové maso do pánve a jemně promíchejte. Vmícháme směs koření, přivedeme k varu a za stálého míchání dusíme, dokud omáčka není čirá a nezhoustne. Vmíchejte arašídy a chilli olej a před podáváním prohřejte.

Vepřové maso s paprikou

za 4

45 ml/3 lžíce arašídového oleje (arašídový olej)
225 g libového vepřového masa, nakrájeného na kostičky
1 cibule, nakrájená na kostičky
2 zelené papriky, nakrájené na kostičky
½ hlavy čínských listů, nakrájených na kostičky
1 plátek kořene zázvoru, nasekaný
15 ml/1 polévková lžíce sójové omáčky
15 ml/1 lžička cukru
2,5 ml/½ lžičky soli

Rozehřejte olej a opékejte vepřové maso do zlatova, asi 4 minuty. Přidejte cibuli a opékejte asi 1 minutu. Přidejte papriky a restujte 1 minutu. Přidejte čínské listy a za stálého míchání smažte 1 minutu. Zbývající ingredience smíchejte dohromady, vmíchejte do pánve a za stálého míchání smažte další 2 minuty.

Pikantní vepřové maso s okurkou

za 4

900 g vepřové kotlety
30 ml/2 lžíce kukuřičného škrobu (kukuřičný škrob)
45 ml/3 lžíce sójové omáčky
30 ml/2 lžíce sladkého sherry
5 ml/1 lžička strouhaného kořene zázvoru
2,5 ml/½ lžičky prášku z pěti koření
Špetka čerstvě mletého pepře
olej na smažení
60 ml/4 lžíce kuřecího vývaru
Čínská nakládaná zelenina

Kotlety ořízněte a odstraňte veškerý tuk a kosti. Smíchejte kukuřičný škrob, 30 ml/2 polévkové lžíce sójové omáčky, sherry, zázvor, prášek z pěti koření a pepř. Nalijte na vepřové maso a míchejte, dokud se úplně nepokryje. Zakryjte a nechte 2 hodiny marinovat za občasného obracení. Rozpálíme olej a vepřové maso opečeme dozlatova a propečené. Nechte okapat na kuchyňském papíru. Vepřové maso nakrájejte nahrubo, přendejte do předehřáté servírovací mísy a udržujte v teple. Smíchejte vývar a zbývající sójovou omáčku v malém hrnci. Přiveďte k varu a nalijte na nakrájené vepřové maso. Podáváme ozdobené rozmixovanými kyselými okurkami.

Vepřové maso se švestkovou omáčkou

za 4

450 g dušeného vepřového masa, nakrájeného na kostičky
2 stroužky česneku, rozdrcené
Sůl-
60 ml/4 lžíce rajčatového kečupu (katsup)
30 ml/2 lžíce sójové omáčky
45 ml/3 lžíce švestkové omáčky
5 ml/1 lžička kari
5 ml/1 lžička papriky
2,5 ml/½ lžičky čerstvě mletého pepře
45 ml/3 lžíce arašídového oleje (arašídový olej)
6 jarních cibulek (jarních cibulek), nakrájených na proužky
4 mrkve, nakrájené na proužky

Maso marinujte s česnekem, solí, rajčatovým kečupem, sójovou omáčkou, švestkovou omáčkou, kari, paprikou a pepřem 30 minut. Rozpálíme olej a maso opečeme do lehkého zhnědnutí. Vyjměte z woku. Zeleninu přidejte do oleje a restujte, dokud nezměkne. Vraťte maso do pánve a před podáváním mírně prohřejte.

Vepřové maso s krevetami

Podává 6-8

900 g libového vepřového masa
30 ml/2 lžíce arašídového oleje (arašídový olej)
1 cibule, nakrájená
1 jarní cibulka (cibulka), nakrájená
2 stroužky česneku, rozdrcené
30 ml/2 lžíce sójové omáčky
50 g loupaných krevet, nakrájených
(Podlaha)
600 ml/1 pt/2½ šálku vroucí vody
15 ml/1 lžička cukru

Přiveďte k varu hrnec s vodou, přidejte vepřové maso, přikryjte pokličkou a vařte 10 minut. Vyjmeme z pánve a necháme okapat, poté nakrájíme na kostky. Rozpálíme olej a orestujeme cibuli, jarní cibulku a česnek, dokud lehce nezhnědnou. Přidejte vepřové maso a opékejte, dokud lehce nezhnědne. Přidejte sójovou omáčku a krevety a za stálého míchání smažte 1 minutu. Přidejte vroucí vodu a cukr, přikryjte a vařte, dokud vepřové maso nezměkne, asi 40 minut.

Červené vařené vepřové maso

za 4

*675 g libového vepřového masa nakrájeného na kostičky
250 ml / 8 fl oz / 1 šálek vody
1 plátek kořene zázvoru, drcený
60 ml/4 polévkové lžíce sójové omáčky
15 ml/1 polévková lžíce rýžového vína nebo suchého sherry
5 ml/1 lžička soli
10 ml/2 lžičky hnědého cukru*

Vložte vepřové maso a vodu do hrnce a přiveďte vodu k varu. Přidejte zázvor, sójovou omáčku, sherry a sůl, přikryjte a vařte 45 minut. Přidejte cukr, otočte maso, přikryjte a vařte dalších 45 minut, dokud vepřové maso nezměkne.

Vepřové maso v červené omáčce

za 4

30 ml/2 lžíce arašídového oleje (arašídový olej)
225 g vepřových ledvinek nakrájených na nudličky
450 g vepřového masa, nakrájeného na nudličky
1 cibule, nakrájená
4 jarní cibulky (jarní cibulky), nakrájené na proužky
2 mrkve, nakrájené na proužky
1 tyčinka celeru, nakrájená na proužky
1 červená paprika, nakrájená na proužky
45 ml/3 lžíce sójové omáčky
45 ml/3 polévkové lžíce suchého bílého vína
300 ml/½ pt/1 ¼ šálku kuřecího vývaru
30 ml/2 lžíce švestkové omáčky
30 ml/2 lžíce vinného octa
5 ml/1 lžička prášku z pěti koření
5 ml/1 lžička hnědého cukru
15 ml/1 polévková lžíce kukuřičného škrobu (kukuřičný škrob)
15 ml/1 polévková lžíce vody

Rozehřejte olej a ledvinky opékejte 2 minuty, poté vyjměte z pánve. Rozehřejte olej a orestujte vepřové maso, dokud lehce nezhnědne. Přidejte zeleninu a restujte 3 minuty. Přidejte sójovou omáčku, víno, vývar, švestkovou omáčku, vinný ocet, prášek z pěti koření a cukr, přiveďte k varu, přikryjte a vařte 30 minut do měkka. Přidejte ledviny. Smíchejte kukuřičný škrob a vodu a vmíchejte do pánve. Přiveďte k varu, poté za stálého míchání vařte, dokud omáčka nezhoustne.

Vepřové maso s rýžovými nudlemi

za 4

4 sušené čínské houby
100 g rýžových nudlí
225 g libového vepřového masa, nakrájeného na nudličky
15 ml/1 polévková lžíce kukuřičného škrobu (kukuřičný škrob)
15 ml/1 polévková lžíce sójové omáčky
15 ml/1 polévková lžíce rýžového vína nebo suchého sherry
45 ml/3 lžíce arašídového oleje (arašídový olej)
2,5 ml/½ lžičky soli
1 plátek kořene zázvoru, nasekaný
2 tyčinky celeru, nakrájené
120 ml / 4 fl oz / ½ šálku kuřecího vývaru
2 jarní cibulky (cibulky), nakrájené na plátky

Houby namočte na 30 minut do teplé vody a poté slijte. Vyhoďte a stonky a odřízněte čepice. Nudle namočte na 30 minut do teplé vody, poté sceďte a nakrájejte na 5 cm/2 kousky. Vložte vepřové maso do misky. Smíchejte kukuřičný škrob, sójovou omáčku a víno nebo sherry, nalijte na vepřové maso a promíchejte. Rozehřejte olej a několik sekund smažte sůl a zázvor. Přidejte vepřové maso a zlehka opékejte, dokud lehce nezhnědne. Přidejte houby a celer a restujte 1 minutu. Přilijeme vývar, přivedeme k varu, přikryjeme a dusíme 2 minuty. Přidejte nudle a zahřívejte 2 minuty. Vmícháme jarní cibulku a ihned podáváme.

Bohaté vepřové kuličky

za 4

450 g mletého vepřového masa (

100 g tofu, pyré

4 vodní kaštany, nasekané nadrobno

Sůl a čerstvě mletý pepř

120 ml / 4 fl oz / ½ šálku arašídového oleje (arašídový olej)

1 plátek kořene zázvoru, nasekaný

600 ml/1 pt/2½ šálku kuřecího vývaru

15 ml/1 polévková lžíce sójové omáčky

5 ml/1 lžička hnědého cukru

5 ml/1 lžička rýžového vína nebo suchého sherry

Vepřové maso, tofu a kaštany smícháme a dochutíme solí a pepřem. Vytvarujte velké kuličky. Rozehřejte olej a opečte vepřové kuličky ze všech stran dozlatova, poté vyjměte z pánve. Slijte olej, kromě 15 ml/1 polévkovou lžíci, a přidejte zázvor, vývar, sójovou omáčku, cukr a víno nebo sherry. Vepřové kuličky vraťte do pánve, přiveďte k varu a 20 minut vařte doměkka.

Smažené vepřové kotlety

za 4

4 vepřové kotlety

75 ml/5 lžic sójové omáčky

olej na smažení

100 g celerových tyčinek

3 jarní cibulky (cibulky), nakrájené

1 plátek kořene zázvoru, nasekaný

15 ml/1 polévková lžíce rýžového vína nebo suchého sherry

120 ml / 4 fl oz / ½ šálku kuřecího vývaru

Sůl a čerstvě mletý pepř

5 ml/1 lžička sezamového oleje

Namáčejte vepřové kotlety v sójové omáčce, dokud nejsou dobře obalené. Rozpálíme olej a kotlety opečeme do zlatova. Vyjměte a dobře sceďte. Naskládejte celer na dno mělké zapékací misky. Posypeme jarní cibulkou a zázvorem a navrch položíme vepřové kotlety. Zalijeme vínem nebo sherry a vývarem a dochutíme solí a pepřem. Pokapeme sezamovým olejem. Pečeme v předehřáté troubě na 200°C/400°C/plyn stupeň 6 po dobu 15 minut.

Kořeněné vepřové maso

za 4

1 okurka, nakrájená na kostičky

Sůl-

450 g libového vepřového masa, nakrájeného na kostičky

5 ml/1 lžička soli

45 ml/3 lžíce sójové omáčky

30 ml/2 lžíce rýžového vína nebo suchého sherry

30 ml/2 lžíce kukuřičného škrobu (kukuřičný škrob)

15 ml/1 polévková lžíce hnědého cukru

60 ml/4 lžíce arašídového oleje (arašídový olej)

1 plátek kořene zázvoru, nasekaný

1 stroužek česneku, nasekaný

1 červená chilli paprička zbavená semínek a nakrájená

60 ml/4 lžíce kuřecího vývaru

Okurku posypte solí a dejte stranou. Smíchejte vepřové maso, sůl, 15 ml / 1 polévková lžíce sójové omáčky, 15 ml / 1 polévková lžíce vína nebo sherry, 15 ml / 1 polévková lžíce kukuřičného škrobu, hnědý cukr a 15 ml / 1 polévková lžíce oleje. Nechte 30 minut odpočinout, poté maso vyjměte z marinády. Zahřejte zbývající olej a vepřové maso opečte, dokud lehce nezhnědne. Přidejte zázvor, česnek a chilli a restujte 2 minuty. Přidejte okurku a restujte 2 minuty. Do marinády smíchejte vývar a zbývající sójovou omáčku, víno nebo sherry a kukuřičný škrob. Tu vmícháme do pánve a za stálého míchání přivedeme k varu. Vařte za stálého míchání, dokud omáčka nevyteče a nezhoustne, a dále vařte, dokud maso nezměkne.

Hladké vepřové plátky

za 4

225 g libového vepřového masa, nakrájeného na plátky
2 bílky
15 ml/1 polévková lžíce kukuřičného škrobu (kukuřičný škrob)
45 ml/3 lžíce arašídového oleje (arašídový olej)
50 g bambusových výhonků, nakrájených na plátky
6 jarních cibulek (cibulky), nakrájených
2,5 ml/½ lžičky soli
15 ml/1 polévková lžíce rýžového vína nebo suchého sherry
150 ml / ¼ pt / velkorysého ½ šálku kuřecího vývaru

Smíchejte vepřové maso s bílkem a kukuřičným škrobem, dokud nebude dobře obaleno. Rozehřejte olej a orestujte vepřové maso, dokud lehce nezhnědne, poté vyjměte z pánve. Přidejte bambusové výhonky a jarní cibulku a restujte 2 minuty. Vraťte vepřové maso do pánve se solí, vínem nebo sherry a kuřecím vývarem. Přiveďte k varu a vařte za stálého míchání 4 minuty, dokud vepřové maso nezměkne.

Vepřové maso se špenátem a mrkví

za 4

225 g libového vepřového masa
2 mrkve, nakrájené na proužky
225 g špenátu
45 ml/3 lžíce arašídového oleje (arašídový olej)
1 jarní cibulka (nakrájená najemno).
15 ml/1 polévková lžíce sójové omáčky
2,5 ml/½ lžičky soli
10 ml/2 lžičky kukuřičného škrobu (kukuřičný škrob)
30 ml/2 lžíce vody

Vepřové maso nakrájíme na tenké plátky proti zrnu a poté nakrájíme na nudličky. Mrkev předvařte asi 3 minuty a poté sceďte. Špenátové listy rozpůlíme. Rozehřejte olej a orestujte na něm jarní cibulky dozlatova. Přidejte vepřové maso a zlehka opékejte, dokud lehce nezhnědne. Přidejte mrkev a sójovou omáčku a opékejte 1 minutu. Přidejte sůl a špenát a za stálého míchání opékejte do změknutí, asi 30 sekund. Smíchejte kukuřičnou mouku a vodu, abyste vytvořili pastu, vmíchejte do omáčky a za stálého míchání smažte, dokud není čirá, a ihned podávejte.

Dušené vepřové maso

za 4

450 g libového vepřového masa, nakrájeného na kostičky
120 ml/4 fl oz/½ šálku sójové omáčky
120 ml/4 fl oz/½ šálku rýžového vína nebo suchého sherry
15 ml/1 polévková lžíce hnědého cukru

Všechny ingredience smíchejte dohromady a vložte do žáruvzdorné mísy. Napařujte na mřížce nad vroucí vodou do měkka, asi 1½ hodiny.

Pečené vepřové

za 4

25 g sušených čínských hub
15 ml/1 polévková lžíce arašídového oleje (arašídový olej)
450 g libového vepřového masa, nakrájeného na plátky
1 zelená paprika, nakrájená na kostičky
15 ml/1 polévková lžíce sójové omáčky
15 ml/1 polévková lžíce rýžového vína nebo suchého sherry
5 ml/1 lžička soli
5 ml/1 lžička sezamového oleje

Houby namočte na 30 minut do teplé vody a poté slijte. Vyhoďte stonky a nakrájejte klobouky. Rozehřejte olej a orestujte vepřové maso, dokud lehce nezhnědne. Přidejte papriky a restujte 1 minutu. Přidejte houby, sójovou omáčku, víno nebo sherry, osolte a za stálého míchání pár minut opékejte, dokud maso nezměkne. Před podáváním vmíchejte sezamový olej.

Vepřové maso s batáty

za 4

olej na smažení
2 velké sladké brambory, nakrájené na plátky
30 ml/2 lžíce arašídového oleje (arašídový olej)
1 plátek kořene zázvoru, nakrájený na plátky
1 cibule, nakrájená
450 g libového vepřového masa, nakrájeného na kostičky
15 ml/1 polévková lžíce sójové omáčky
2,5 ml/½ lžičky soli
čerstvě mletý pepř
250 ml / 1 šálek kuřecího vývaru
30 ml/2 polévkové lžíce kari

Rozehřejte olej a opečte batáty do zlatova. Vyjměte z pánve a dobře sceďte. Zahřejte arašídový olej (arašídový olej) a orestujte zázvor a cibuli, dokud lehce nezhnědnou. Přidejte vepřové maso a zlehka opékejte, dokud lehce nezhnědne. Přidejte sójovou omáčku, sůl a špetku pepře, vmíchejte vývar a kari, přiveďte k varu a za stálého míchání vařte 1 minutu. Přidejte hash browns, přikryjte a vařte 30 minut nebo dokud vepřové maso nezměkne.

Vepřové sladkokyselé

za 4

450 g libového vepřového masa, nakrájeného na kostičky

15 ml/1 polévková lžíce rýžového vína nebo suchého sherry

15 ml/1 polévková lžíce arašídového oleje (arašídový olej)

5 ml/1 lžička kari

1 vejce, rozšlehané

Sůl-

100 g kukuřičného škrobu (kukuřičný škrob)

olej na smažení

1 stroužek česneku, rozdrcený

75 g/½ šálku cukru

50 g rajčatového kečupu (katsup)

5 ml/1 lžička vinného octa

5 ml/1 lžička sezamového oleje

Smíchejte vepřové maso s vínem nebo sherry, olejem, kari, vejcem a trochou soli. Vmíchejte kukuřičný škrob, dokud se vepřové maso nepokryje těstem. Rozehřejte olej, dokud se neudí, a poté několikrát přidejte na kostičky nakrájené vepřové maso. Smažte 3 minuty, poté sceďte a dejte stranou. Rozehřejte olej a kostky znovu opékejte asi 2 minuty. Vyjměte a sceďte. Zahřívejte česnek, cukr, rajčatový kečup a vinný ocet za stálého míchání, dokud se cukr nerozpustí. Přiveďte k varu, poté přidejte vepřové kostky a dobře promíchejte. Vmícháme sezamový olej a podáváme.

Vydatné vepřové maso

za 4

30 ml/2 lžíce arašídového oleje (arašídový olej)
450 g libového vepřového masa, nakrájeného na kostičky
3 jarní cibulky (cibulky), nakrájené na plátky
2 stroužky česneku, rozdrcené
1 plátek kořene zázvoru, nasekaný
250 ml / 8 fl oz / 1 šálek sójové omáčky
30 ml/2 lžíce rýžového vína nebo suchého sherry
30 ml/2 lžíce hnědého cukru
5 ml/1 lžička soli
600 ml/1 pt/2½ šálku vody

Rozpálíme olej a vepřové maso opečeme do zlatova. Slijeme přebytečný olej, přidáme jarní cibulku, česnek a zázvor a restujeme 2 minuty. Přidejte sójovou omáčku, víno nebo sherry, cukr a sůl a dobře promíchejte. Přidejte vodu, přiveďte k varu, přikryjte a vařte 1 hodinu.

Vepřové maso s tofu

za 4

450 g libového vepřového masa
45 ml/3 lžíce arašídového oleje (arašídový olej)
1 cibule, nakrájená
1 stroužek česneku, rozdrcený
225 g tofu, nakrájeného na kostičky
375 ml / 13 fl oz / 1½ šálku kuřecího vývaru
15 ml/1 polévková lžíce hnědého cukru
60 ml/4 polévkové lžíce sójové omáčky
2,5 ml/½ lžičky soli

Vložte vepřové maso do hrnce a podlijte vodou. Přiveďte k varu a poté 5 minut vařte. Scedíme a necháme vychladnout, poté nakrájíme na kostičky.

Rozpálíme olej a orestujeme cibuli a česnek, dokud lehce nezhnědnou. Přidejte vepřové maso a opékejte, dokud lehce nezhnědne. Přidejte tofu a jemně míchejte, dokud se nepokryje olejem. Přidejte vývar, cukr, sójovou omáčku a sůl, přiveďte k varu, přikryjte a vařte asi 40 minut, dokud vepřové maso nezměkne.

Měkké smažené vepřové maso

za 4

225 g vepřového filé, nakrájeného na kostičky
1 vaječný bílek
30 ml/2 lžíce rýžového vína nebo suchého sherry
Sůl-
225 g kukuřičného škrobu (kukuřičný škrob)
olej na smažení

Smíchejte vepřové maso s bílkem, vínem nebo sherry a trochou soli. Postupně přidávejte dostatek kukuřičného škrobu, aby vzniklo husté těsto. Rozehřejte olej a orestujte vepřové maso zvenku dozlatova a křupava a uvnitř měkké.

Dvakrát vařené vepřové maso

za 4

225 g libového vepřového masa
45 ml/3 lžíce arašídového oleje (arašídový olej)
2 zelené papriky, nakrájené na kousky
2 stroužky česneku, nakrájené
2 jarní cibulky (cibulky), nakrájené na plátky
15 ml/1 polévková lžíce horké fazolové omáčky
15 ml/1 polévková lžíce kuřecího vývaru
5 ml/1 lžička cukru

Vepřové maso dejte do hrnce, zalijte vodou, přiveďte k varu a vařte 20 minut do měkka. Vyjměte a sceďte, poté nechte vychladnout. nakrájet natenko.

Rozehřejte olej a orestujte vepřové maso, dokud lehce nezhnědne. Přidejte papriku, česnek a jarní cibulku a restujte 2 minuty. Vyjměte z pánve. Do pánve přidejte fazolovou omáčku, vývar a cukr a za stálého míchání vařte 2 minuty. Vraťte vepřové maso a papriky a restujte, dokud se neprohřejí. Ihned podávejte.

vepřové maso se zeleninou

za 4

2 stroužky česneku, rozdrcené

5 ml/1 lžička soli

2,5 ml/½ lžičky čerstvě mletého pepře

30 ml/2 lžíce arašídového oleje (arašídový olej)

30 ml/2 lžíce sójové omáčky

225 g růžičky brokolice

200 g růžičky květáku

1 červená paprika, nakrájená na kostičky

1 cibule, nakrájená

2 pomeranče, oloupané a nakrájené na kostičky

1 kus stonku zázvoru, nakrájený

30 ml/2 lžíce kukuřičného škrobu (kukuřičný škrob)

300 ml/½ pt/1¼ šálku vody

20 ml/2 lžíce vinného octa

15 ml/1 polévková lžíce medu

Špetka mletého zázvoru

2,5 ml/½ lžičky kmínu

Do masa rozmačkejte česnek, sůl a pepř. Rozpálíme olej a maso opečeme do lehkého zhnědnutí. Vyjměte z pánve. Přidejte sójovou omáčku a zeleninu do pánve a za stálého míchání opékejte, dokud nebude měkká, ale stále křupavá. Přidejte pomeranče a zázvor. Smíchejte kukuřičný škrob a vodu a vmíchejte do pánve s vinným octem, medem, zázvorem a kmínem. Přiveďte k varu a za stálého míchání vařte 2 minuty. Vraťte vepřové maso do pánve a před podáváním prohřejte.

Vepřové maso s vlašskými ořechy

za 4

50 gramů vlašských ořechů
225 g libového vepřového masa, nakrájeného na nudličky
30 ml/2 polévkové lžíce čisté (univerzální) mouky
30 ml/2 lžíce hnědého cukru
30 ml/2 lžíce sójové omáčky
olej na smažení
15 ml/1 polévková lžíce arašídového oleje (arašídový olej)

Vlašské ořechy spaříme 2 minuty ve vroucí vodě, poté scedíme. Vepřové maso dobře promícháme s moukou, cukrem a 15 ml/ 1 polévková lžíce sójové omáčky. Rozpálíme olej a opečeme vepřové maso dokřupava a dozlatova. Nechte okapat na kuchyňském papíru. Zahřejte arašídový olej (arašídový olej) a orestujte vlašské ořechy do zlatova. Do pánve přidejte vepřové maso, potřete zbylou sójovou omáčkou a za stálého míchání opékejte, dokud nebude horké.

Vepřové wontony

za 4

450 g mletého vepřového masa (
1 jarní cibulka (cibulka), nakrájená
225 g míchané zeleniny, nakrájené
30 ml/2 lžíce sójové omáčky
5 ml/1 lžička soli
40 wonton skinů
olej na smažení

Rozpalte pánev a orestujte vepřové maso a jarní cibulku, dokud lehce nezhnědnou. Sundejte z ohně a vmíchejte zeleninu, sójovou omáčku a sůl.

Chcete-li wonton složit, držte kůži v levé dlani a naberte trochu náplně do středu. Okraje navlhčete vejcem a složte kůži do trojúhelníku, okraje utěsněte. Rohy navlhčete vejcem a stočte je k sobě.

Rozehřejte olej a postupně smažte wontony do zlatova. Před podáváním dobře sceďte.

Vepřové maso s vodními kaštany

za 4

45 ml/3 lžíce arašídového oleje (arašídový olej)
1 stroužek česneku, rozdrcený
1 jarní cibulka (cibulka), nakrájená
1 plátek kořene zázvoru, nasekaný
225 g libového vepřového masa, nakrájeného na nudličky
100 g vodních kaštanů, nakrájených na tenké plátky
45 ml/3 lžíce sójové omáčky
15 ml/1 polévková lžíce rýžového vína nebo suchého sherry
5 ml/1 lžička kukuřičného škrobu (kukuřičný škrob)

Rozehřejte olej a orestujte česnek, jarní cibulku a zázvor, dokud lehce nezhnědnou. Přidejte vepřové maso a restujte 10 minut do zlatova. Přidejte vodní kaštany a opékejte 3 minuty. Přidejte zbývající ingredience a za stálého míchání smažte 3 minuty.

Vepřové maso a krevety wontony

za 4

225 g mletého (mletého) vepřového masa
2 jarní cibulky (cibulky), nakrájené
100 g míchané zeleniny, nakrájené
100 g žampionů, nakrájených
225 g oloupaných krevet, nakrájených
15 ml/1 polévková lžíce sójové omáčky
2,5 ml/½ lžičky soli
40 wonton skinů
olej na smažení

Rozpalte pánev a orestujte vepřové maso a jarní cibulku, dokud lehce nezhnědnou. Vmíchejte zbývající přísady.

Chcete-li wonton složit, držte kůži v levé dlani a naberte trochu náplně do středu. Okraje navlhčete vejcem a složte kůži do trojúhelníku, okraje utěsněte. Rohy navlhčete vejcem a stočte je k sobě.

Rozehřejte olej a postupně smažte wontony do zlatova. Před podáváním dobře sceďte.

Masové kuličky v páře

za 4

2 stroužky česneku, rozdrcené
2,5 ml/½ lžičky soli
450 g mletého vepřového masa (
1 cibule, nakrájená
1 červená paprika, nakrájená
1 zelená paprika, nakrájená
2 kusy stonku zázvoru, nakrájené
5 ml/1 lžička kari
5 ml/1 lžička papriky
1 vejce, rozšlehané
45 ml/3 lžíce kukuřičného škrobu (kukuřičný škrob)
50 g krátkozrnné rýže
Sůl a čerstvě mletý pepř
60 ml/4 lžíce nasekané pažitky

Smíchejte česnek, sůl, vepřové maso, cibuli, papriku, zázvor, kari a papriku. Do směsi zapracujte vejce spolu s kukuřičným škrobem a rýží. Dochuťte solí a pepřem, poté vmíchejte pažitku. Ze směsi mokrýma rukama tvarujte malé kuličky. Vložte je do parního koše, přikryjte a vařte nad mírně vroucí vodou 20 minut, dokud nezměknou.

Náhradní žebra s omáčkou z černých fazolí

za 4

900 g vepřových žeber

2 stroužky česneku, rozdrcené

2 jarní cibulky (cibulky), nakrájené

30 ml/2 lžíce omáčky z černých fazolí

30 ml/2 lžíce rýžového vína nebo suchého sherry

15 ml/1 polévková lžíce vody

30 ml/2 lžíce sójové omáčky

15 ml/1 polévková lžíce kukuřičného škrobu (kukuřičný škrob)

5 ml/1 lžička cukru

120 ml/4 fl oz ½ šálku vody

30 ml/2 lžíce oleje

2,5 ml/½ lžičky soli

120 ml / 4 fl oz / ½ šálku kuřecího vývaru

Náhradní žebra nakrájejte na 2,5 cm/1 kus. Smíchejte česnek, jarní cibulku, omáčku z černých fazolí, víno nebo sherry, vodu a 15 ml/1 polévkovou lžíci sójové omáčky. Smíchejte zbývající sójovou omáčku s kukuřičným škrobem, cukrem a vodou. Rozehřejte olej a sůl a opečte žebírka do zlatova. Vypusťte olej. Přidejte česnekovou směs a restujte 2 minuty. Přilijeme vývar, přivedeme k varu, přikryjeme a dusíme 4 minuty. Vmíchejte směs kukuřičného škrobu a za stálého míchání vařte, dokud omáčka není čirá a nezhoustne.

Grilovaná náhradní žebra

za 4

3 stroužky česneku, rozdrcené
75 ml/5 lžic sójové omáčky
60 ml/4 polévkové lžíce hoisin omáčky
60 ml/4 lžíce rýžového vína nebo suchého sherry
45 ml/3 lžíce hnědého cukru
30 ml/2 lžíce rajčatového protlaku (pasta)
900 g vepřových žeber
15 ml/1 polévková lžíce medu

Smíchejte česnek, sójovou omáčku, omáčku hoisin, víno nebo sherry, hnědý cukr a rajčatový protlak, nalijte na žebra, přikryjte a nechte přes noc marinovat.

Sceďte žebra a uložte je na mřížku do pekáčku s trochou vody pod ním. Pečte v předehřáté troubě na 180°C/350°F/plyn stupeň 4 po dobu 45 minut, občas podlévejte marinádou, odložte si 30 ml/2 polévkové lžíce marinády. Odloženou marinádu smícháme s medem a potřeme žebra. Grilujeme nebo grilujeme pod rozpáleným grilem 10 minut.

Grilovaná javorová náhradní žebra

za 4

900 g vepřových žeber

60 ml/4 polévkové lžíce javorového sirupu

5 ml/1 lžička soli

5 ml/1 lžička cukru

45 ml/3 lžíce sójové omáčky

15 ml/1 polévková lžíce rýžového vína nebo suchého sherry

1 stroužek česneku, rozdrcený

Náhradní žebra nakrájejte na 5 cm/2 kusy a vložte do misky. Všechny ingredience smícháme dohromady, přidáme žebírka a dobře promícháme. Zakryjte a nechte přes noc marinovat. Grilujte nebo opékejte na středně vysokém ohni po dobu 30 minut.

Smažená náhradní žebra

za 4

900 g vepřových žeber
120 ml / 4 fl oz / ½ šálku rajčatového kečupu (katsup)
120 ml/4 fl oz/½ šálku vinného octa
60 ml/4 lžíce mangového chutney
45 ml/3 lžíce rýžového vína nebo suchého sherry
2 stroužky česneku, nakrájené
5 ml/1 lžička soli
45 ml/3 lžíce sójové omáčky
30 ml/2 lžíce medu
15 ml/1 polévková lžíce jemného kari
15 ml/1 lžička papriky
olej na smažení
60 ml/4 lžíce nasekané pažitky

Umístěte náhradní žebra do misky. Všechny ingredience kromě oleje a pažitky smícháme, nalijeme na žebírka, přikryjeme a necháme alespoň 1 hodinu marinovat. Rozpálíme olej a opečeme žebírka dokřupava. Podáváme posypané pažitkou.

Náhradní žebra s pórkem

za 4

450 g vepřových žeber

olej na smažení

250 ml / 8 fl oz / 1 šálek vývaru

30 ml/2 lžíce rajčatového kečupu (katsup)

2,5 ml/½ lžičky soli

2,5 ml/½ lžičky cukru

2 pórky, nakrájené na kousky

6 jarních cibulek (jarních cibulek), nakrájených na kousky

50 g růžičky brokolice

5 ml/1 lžička sezamového oleje

Náhradní žebra nakrájejte na 5 cm kousky. Zahřejte olej a opékejte žebírka, dokud nezačnou hnědnout. Vyjměte z pánve a slijte vše kromě 30 ml/2 polévkové lžíce oleje. Přidejte vývar, rajčatový kečup, sůl a cukr, přiveďte k varu a 1 minutu vařte. Vraťte náhradní žebra do pánve a vařte do měkka, asi 20 minut.

Mezitím rozehřejte dalších 30 ml/ 2 lžíce oleje a orestujte pórek, jarní cibulku a brokolici asi 5 minut. Pokapejte sezamovým olejem a položte na předehřátý servírovací talíř. Doprostřed položte žebra a omáčku a podávejte.

Náhradní žebra s houbami

Pro 4-6

6 sušených čínských hub
900 g vepřových žeber
2 hřebíčky badyánu
45 ml/3 lžíce sójové omáčky
5 ml/1 lžička soli
15 ml/1 polévková lžíce kukuřičného škrobu (kukuřičný škrob)

Houby namočte na 30 minut do teplé vody a poté slijte. Vyhoďte a stonky a odřízněte čepice. Náhradní žebra nakrájejte na 5 cm/2 kusy. V hrnci přiveďte vodu k varu, přidejte žebírka a vařte 15 minut. Dobře sceďte. Vraťte žebra do pánve a podlijte studenou vodou. Přidejte houby, badyán, sójovou omáčku a sůl. Přiveďte k varu, přikryjte a vařte, dokud maso nezměkne, asi 45 minut. Kukuřičný škrob smícháme s trochou studené vody, vmícháme do pánve a za stálého míchání dusíme, dokud omáčka nezbyde čirá a nezhoustne.

Náhradní žebra s pomerančem

za 4

900 g vepřových žeber
5 ml/1 lžička strouhaného sýra
5 ml/1 lžička kukuřičného škrobu (kukuřičný škrob)
45 ml/3 lžíce rýžového vína nebo suchého sherry
Sůl-
olej na smažení
15 ml/1 polévková lžíce vody
2,5 ml/½ lžičky cukru
15 ml/1 polévková lžíce rajčatového protlaku (pasta)
2,5 ml/½ lžičky chilli omáčky
strouhaná kůra z 1 pomeranče
1 pomeranč, nakrájený na plátky

Náhradní žebra nakrájíme na kousky a smícháme se sýrem, kukuřičnou moukou, 5 ml/1 lžičkou vína nebo sherry a špetkou soli. Nechte 30 minut marinovat. Rozehřejte olej a smažte žebírka do zlatova, asi 3 minuty. Ve woku rozehřejte 15 ml/1 polévkovou lžíci oleje, přidejte vodu, cukr, rajčatový protlak, chilli omáčku, pomerančovou kůru a zbývající víno nebo sherry a na mírném ohni míchejte 2 minuty. Přidejte vepřové maso a míchejte, dokud se dobře nepokryje. Položte na nahřátý talíř a podávejte ozdobené plátky pomeranče.

Ananasová náhradní žebra

za 4

900 g vepřových žeber
600 ml/1 pt/2½ šálku vody
30 ml/2 lžíce arašídového oleje (arašídový olej)
2 stroužky česneku, jemně nasekané
200 g konzervovaného ananasu v ovocné šťávě
120 ml / 4 fl oz / ½ šálku kuřecího vývaru
60 ml/4 lžíce vinného octa
50 g / ¼ šálku hnědého cukru
15 ml/1 polévková lžíce sójové omáčky
15 ml/1 polévková lžíce kukuřičného škrobu (kukuřičný škrob)
3 jarní cibulky (cibulky), nakrájené

Vepřové maso s vodou dejte do hrnce, přiveďte k varu, přikryjte a vařte 20 minut. Dobře sceďte.

Rozehřejte olej a orestujte česnek, dokud lehce nezhnědne. Přidejte žebra a opékejte, dokud nejsou dobře obalená v oleji. Kousky ananasu sceďte a do pánve přidejte 120 ml šťávy s vývarem, vinným octem, cukrem a sójovou omáčkou. Přiveďte k varu, přikryjte a vařte 10 minut. Přidejte scezený ananas. Kukuřičnou mouku smícháme s trochou vody, vmícháme do omáčky a za stálého míchání dusíme, dokud se omáčka nevyjasní a nezhoustne. Podáváme posypané jarní cibulkou.

Křupavé krevety náhradní žebra

za 4

900 g vepřových žeber

450 g loupaných krevet

5 ml/1 lžička cukru

Sůl a čerstvě mletý pepř

30 ml/2 polévkové lžíce čisté (univerzální) mouky

1 vejce, lehce rozšlehané

100 gramů strouhanky

olej na smažení

Náhradní žebra nakrájejte na 5 cm kousky. Část masa odřízněte a nasekejte s krevetami, cukrem, solí a pepřem. Vmíchejte mouku a tolik vajec, aby směs byla lepkavá. Žebírka prolisujeme a posypeme strouhankou. Rozpálíme olej a opékáme žebírka, dokud nevyplavou na povrch. Dobře sceďte a podávejte horké.

Náhradní žebra s rýžovým vínem

za 4

900 g vepřových žeber
450 ml/¾ pt/2 šálky vody
60 ml/4 polévkové lžíce sójové omáčky
5 ml/1 lžička soli
30 ml/2 lžíce rýžového vína
5 ml/1 lžička cukru

Žebra nakrájejte na 2,5 cm/1 kus. Vložíme do hrnce s vodou, sójovou omáčkou a solí, přivedeme k varu, přikryjeme a dusíme 1 hodinu. Dobře sceďte. Zahřejte pánev a přidejte žebírka, rýžové víno a cukr. Míchejte na vysoké teplotě, dokud se tekutina neodpaří.

Náhradní žebra se sezamovými semínky

za 4

900 g vepřových žeber
1 vejce
30 ml/2 polévkové lžíce čisté (univerzální) mouky
5 ml/1 lžička bramborové mouky
45 ml/3 polévkové lžíce vody
olej na smažení
30 ml/2 lžíce arašídového oleje (arašídový olej)
30 ml/2 lžíce rajčatového kečupu (katsup)
30 ml/2 lžíce hnědého cukru
10 ml/2 lžičky vinného octa
45 ml/3 lžíce sezamových semínek
4 listy salátu

Nakrájejte náhradní žebra na 10 cm/4 kusy a vložte do misky. Vejce smícháme s moukou, bramborovou moukou a vodou, vmícháme do žebírek a necháme 4 hodiny odležet.

Rozehřejte olej a opečte žebírka do zlatova, poté vyjměte a sceďte. Rozpálíme olej a pár minut smažíme rajčatový kečup, hnědý cukr, vinný ocet. Přidejte žebírka a za stálého míchání smažte, dokud nejsou zcela zakryté. Posypeme sezamovými semínky a smažíme 1 minutu. Listy hlávkového salátu rozložte na předehřátý servírovací talíř, poklaďte žebírkami a podávejte.

Sladkokyselá žebírka

za 4

900 g vepřových žeber
600 ml/1 pt/2 ½ šálku vody
30 ml/2 lžíce arašídového oleje (arašídový olej)
2 stroužky česneku, rozdrcené
5 ml/1 lžička soli
100 gramů hnědého cukru
75 ml/5 lžic kuřecího vývaru
60 ml/4 lžíce vinného octa
100 g konzervovaného ananasu v sirupu
15 ml/1 polévková lžíce rajčatového protlaku (pasta)
15 ml/1 polévková lžíce sójové omáčky
15 ml/1 polévková lžíce kukuřičného škrobu (kukuřičný škrob)
30 ml/2 lžíce sušeného kokosu

Vepřové maso s vodou dejte do hrnce, přiveďte k varu, přikryjte a vařte 20 minut. Dobře sceďte.

Rozpálíme olej a orestujeme žebra s česnekem a solí do hněda. Přidejte cukr, vývar a vinný ocet a přiveďte k varu. Ananas sceďte a přidejte 30 ml/2 polévkové lžíce sirupu do pánve s rajčatovým protlakem, sójovou omáčkou a kukuřičným škrobem.

Dobře promíchejte a za stálého míchání vařte, dokud omáčka nevyteče a nezhoustne. Přidáme ananas, podusíme 3 minuty a podáváme posypané kokosem.

Smažená náhradní žebra

za 4

*900 g vepřových žeber
1 vejce, rozšlehané
5 ml/1 lžička sójové omáčky
5 ml/1 lžička soli
10 ml/2 lžičky kukuřičného škrobu (kukuřičný škrob)
10 ml/2 lžičky cukru
60 ml/4 lžíce arašídového oleje (arašídový olej)
250 ml / 1 šálek vinného octa
250 ml / 8 fl oz / 1 šálek vody
250 ml/8 fl oz/1 šálek rýžového vína nebo suchého sherry*

Umístěte náhradní žebra do misky. Vejce smícháme se sójovou omáčkou, solí, polovinou kukuřičného škrobu a polovinou cukru, přidáme k žebírkům a dobře promícháme. Rozehřejte olej a opečte žebírka dohněda. Přidejte zbývající ingredience, přiveďte k varu a vařte, dokud se tekutina téměř neodpaří.

Náhradní žebra s rajčaty

za 4

900 g vepřových žeber
75 ml/5 lžic sójové omáčky
30 ml/2 lžíce rýžového vína nebo suchého sherry
2 vejce, rozšlehaná
45 ml/3 lžíce kukuřičného škrobu (kukuřičný škrob)
olej na smažení
45 ml/3 lžíce arašídového oleje (arašídový olej)
1 cibule, nakrájená na tenké plátky
250 ml / 1 šálek kuřecího vývaru
60 ml/4 lžíce rajčatového kečupu (katsup)
10 ml/2 lžičky hnědého cukru

Náhradní žebra nakrájejte na 2,5 cm/1 kus. Smíchejte s 60 ml/4 polévkové lžíce sójové omáčky a vínem nebo sherry a za občasného míchání nechte 1 hodinu marinovat. Sceďte, marinádu vylijte. Žebírka potřeme ve vejci a poté v kukuřičném škrobu. Rozpálíme olej a žebírka opečeme do zlatova. Dobře sceďte. Zahřejte arašídový olej (arašídový olej) a smažte cibuli, dokud nebude průhledná. Přidejte vývar, zbývající sójovou omáčku, kečup a hnědý cukr a vařte za stálého míchání 1 minutu. Přidejte žebra a vařte 10 minut.

Grilovaná vepřová pečeně

Pro 4-6

1,25 kg vepřové plece bez kosti
2 stroužky česneku, rozdrcené
2 jarní cibulky (cibulky), nakrájené
250 ml / 8 fl oz / 1 šálek sójové omáčky
120 ml/4 fl oz/½ šálku rýžového vína nebo suchého sherry
100 gramů hnědého cukru
5 ml/1 lžička soli

Vložte vepřové maso do misky. Zbývající ingredience smícháme, nalijeme na vepřové maso, přikryjeme a necháme 3 hodiny marinovat. Vložte vepřové maso a marinádu do pekáče a pečte v předehřáté troubě na 200 °C/400 °F/plyn stupeň 6 po dobu 10 minut. Snižte teplotu na 160°C/325°F/plyn značka 3 na 1¾ hodiny, dokud vepřové maso nezměkne.

Studené vepřové maso s hořčicí

za 4

1 kg vepřové pečeně bez kosti
250 ml / 8 fl oz / 1 šálek sójové omáčky
120 ml/4 fl oz/½ šálku rýžového vína nebo suchého sherry
100 gramů hnědého cukru
3 jarní cibulky (cibulky), nakrájené
5 ml/1 lžička soli
30 ml/2 lžíce hořčičného prášku

Vložte vepřové maso do misky. Smíchejte všechny zbývající ingredience kromě hořčice a nalijte na vepřové maso. Nechte marinovat alespoň 2 hodiny, často podlévejte. Pekáč vyložte hliníkovou fólií a vepřové maso položte na mřížku v misce. Pečte v předehřáté troubě na 200°C/400°F/plyn stupeň 6 po dobu 10 minut, poté snižte teplotu na 160°C/325°F/plyn stupeň 3 na dalších 1¾ hodiny, dokud vepřové maso nezměkne. Nechte vychladnout a poté zchlaďte v lednici. Plátky velmi tenké. Smíchejte hořčičný prášek pouze s tolika vodou, aby vznikla krémová pasta, kterou podáváme k vepřovému masu.

Čínská vepřová pečeně

za 6

1,25 kg vepřové pečeně nakrájené na silné plátky
2 stroužky česneku, jemně nasekané
30 ml/2 lžíce rýžového vína nebo suchého sherry
15 ml/1 polévková lžíce hnědého cukru
15 ml/1 polévková lžíce medu
90 ml/6 lžic sójové omáčky
2,5 ml/½ lžičky prášku z pěti koření

Uspořádejte vepřové maso do mělké misky. Zbývající ingredience smícháme, nalijeme na vepřové maso, přikryjeme a za občasného obracení a podlévání necháme přes noc marinovat v lednici.

Vepřový řízek nandejte na mřížku do pekáčku naplněného trochou vody a dobře potřete marinádou. Pečte v předehřáté troubě na 180°C/350°F/plyn stupeň 5 asi 1 hodinu za občasného podlévání, dokud není vepřové maso hotové.

Vepřové maso se špenátem

Podává 6-8

30 ml/2 lžíce arašídového oleje (arašídový olej)
1,25 kg vepřové panenky
250 ml / 1 šálek kuřecího vývaru
15 ml/1 polévková lžíce hnědého cukru
60 ml/4 polévkové lžíce sójové omáčky
900 g špenátu

Rozpálíme olej a maso opečeme ze všech stran. Vypusťte většinu tuku. Přidejte vývar, cukr a sójovou omáčku, přiveďte k varu, přikryjte a vařte asi 2 hodiny, dokud nebude vepřové maso hotové. Maso vyjmeme z pánve a necháme mírně vychladnout, poté nakrájíme na plátky. Do pánve přidáme špenát a za mírného míchání dusíme do měkka. Špenát sceďte a uložte na předehřátý servírovací talíř. Navrch dejte vepřové plátky a podávejte.

www.ingramcontent.com/pod-product-compliance
Lightning Source LLC
Chambersburg PA
CBHW050349120526

44590CB00015B/1627